101 Mulheres que mudaram o MUNDO

Ciranda Cultural

Dados Internacionais de Catalogação na Publicação (CIP) de acordo com ISBD

B236m Barbieri, Paloma Blanca Alves

101 mulheres que mudaram o mundo / Paloma Blanca Alves Barbieri; Alice Ramos; ilustrado por Ilustralu. - Jandira, SP : Ciranda Cultural, 2021.
216 p. : il.; 15,50cm x 22,60cm.

ISBN: 978-85-380-9497-5

1. Literatura infantojuvenil. 2. Mulheres fortes. 3. Empoderamento. 4. Feminismo. 5. Biografia. I. Ramos, Alice. II. Ilustralu. III. Título.

2021-0314

CDD 028.5
CDU 82-93

Elaborado por Lucio Feitosa - CRB-8/8803

Índice para catálogo sistemático:
1. Literatura infantojuvenil 028.5
2. Literatura infantojuvenil 82-93

© 2021 Ciranda Cultural Editora e Distribuidora Ltda.
Produção: Ciranda Cultural
Texto: Paloma Blanca Alves Barbieri e Alice Ramos
Preparação de texto: Ana Paula Uchôa
Revisão: Karina Barbosa dos Santos e Fernanda R. Braga Simon
Ilustrações: Ilustralu

1ª Edição em 2021
3ª impressão em 2025
www.cirandacultural.com.br

Todos os direitos reservados. Nenhuma parte desta publicação pode ser reproduzida, arquivada em sistema de busca ou transmitida por qualquer meio, seja ele eletrônico, fotocópia, gravação ou outros, sem prévia autorização do detentor dos direitos, e não pode circular encadernada ou encapada de maneira distinta daquela em que foi publicada, ou sem que as mesmas condições sejam impostas aos compradores subsequentes.

Este livro é dedicado a todas
as mulheres, exemplos de coragem,
luta e perseverança.

"Fracassar é parte crucial do sucesso. Toda vez que você fracassa e se recupera, exercita perseverança, que é a chave da vida. Sua força está na habilidade de se recompor."

Michelle Obama

PREFÁCIO

Inspirar, educar e incentivar as crianças é, acima de tudo, semear um futuro próspero. É também uma grande missão – eu afirmo – das mais nobres que podemos desempenhar na vida.

101 mulheres que mudaram o mundo é uma verdadeira enciclopédia de mulheres potentes e inspiradoras. A forma como a obra foi organizada deixa a leitura cada vez mais interessante e fluida.

Página a página somos convidados a conhecer mais mulheres brilhantes que se destacaram na história por seus feitos, invenções, pensamentos e, sobretudo, pelas suas existências, que de alguma forma ainda permanecem invisibilizadas.

Ao reunir professoras, cientistas, escritoras e outras personalidades, por continente, a obra permitirá a cada criança, pequena ou grande, contextualizar também as questões culturais e sociais de seus locais de origem.

Eu, como grande criança que sou, fiquei encantada com a delicadeza das cores e o jeitinho particular com que cada mulher foi ilustrada.

Desejo que todos: mães, pais, familiares e professores ofereçam, às crianças de todos os gêneros que os cercam, o prazer desta leitura. Crianças que, inspiradas por essas mulheres que mudaram a história com sua inteligência, suas habilidades e competências, admirem também as mulheres de suas gerações e as que ainda virão.

Não tenho dúvidas de que uma nova geração de médicos, cientistas, escritores, professores, ativistas, cantores, esportistas e inventores nascerá desta jornada, para continuarem a promover mudanças no mundo.

Jaqueline Goes de Jesus

SUMÁRIO

ÁFRICA

Egito
Cleópatra 14

Nigéria
Chimamanda Ngozi Adichie 16

Zimbábue
Tsitsi Dangarembga 18

ÁFRICA/AMÉRICA

Somália/Canadá
Ilwad Elman 20

AMÉRICA

Argentina
Emilia Ferreiro 22
Eva Perón 24
Evelina Cabrera 26

Brasil
Ada Rogato 28
Anita Garibaldi 30
Anita Malfatti 32
Bertha Lutz 34
Carolina Maria de Jesus 36
Cecília Meireles 38
Clarice Lispector 40
Clementina de Jesus da Silva 42
Cora Coralina 44
Daiane dos Santos 46
Djamila Ribeiro 48
Dorina Nowill 50
Duilia de Mello 52
Ester Sabino 54
Eugênia Brandão 56
Jaqueline Goes de Jesus 58
Marcia Barbosa 60
Maria da Penha 62
Maria Esther Bueno 64

AMÉRICA

Maria Júlia Coutinho 66
Maria Lenk 68
Maria Quitéria 70
Marielle Franco 72
Marta Vieira da Silva 74
Nise da Silveira 76
Rachel de Queiroz 78
Ruth Rocha 80
Tarsila do Amaral 82
Terezinha Guilhermina 84
Zilda Arns 86

Canadá
Donna Strickland 88
Margaret Atwood 90

Chile
Isabel Allende 92

Estados Unidos
Amelia Earhart 94
Angela Davis 96
Anne Sullivan 98
Aretha Franklin 100
Billie Jean King 102
Danica Patrick 104
Gladys Mae West 106
Helen Keller 108
Jennifer Doudna 110
Jessica Cox 112
Katherine Johnson 114
Margaret Hamilton 116
Michelle Obama 118
Nellie Bly 120
Nina Simone 122
Oprah Winfrey 124
Rosa Parks 126

AMÉRICA

Ruby Bridges 128
Serena Williams 130
Simone Biles 132
Vera Rubin 134
Viola Davis 136

México
Frida Kahlo 138

ÁSIA

China
Agnes Chow 140
Qiu Jun 142

Emirados Árabes
Sarah al-Amiri 144

Índia
Indira Gandhi 146
Janaki Ammal 148
Sampat Pal Devi 150

Paquistão
Malala Yousafzai 152

EUROPA

Alemanha
Anne Frank 154
Kathrine Switzer 156
Olga Benário Prestes 158

França
Coco Chanel 160
Françoise Barré-Sinoussi 162
Jeanne Baret 164
Joana D'Arc 166

Grécia
Hipátia de Alexandria 168

Inglaterra
Ada Lovelace 170
Agatha Christie 172

EUROPA

Emma Watson 174
J. K. Rowling 176
Mary Shelley 178
Princesa Diana 180
Rainha Elizabeth II 182
Rosalind Franklin 184

Itália
Maria Montessori 186

Polônia
Rosa Luxemburgo 188

Polônia/França
Marie Curie 190

Romênia
Elisa Leonida Zamfirescu 192
Nadia Comaneci 194

Rússia
Valentina Tereshkova 196

Suécia
Greta Thunberg 198

EUROPA/AMÉRICA

Inglaterra/Argentina
Maureen Dunlop 200

Itália/Brasil
Lina Bo Bardi 202

OCEANIA

Austrália
Annette Kellerman 204
Cathy Freeman 206
Elizabeth Blackburn 208
Macinley Butson 210

Nova Zelândia
Helen Clark 212
Jacinda Ardern 214

Veja, no mapa abaixo, a localização dos países onde nasceram **101** das muitas **mulheres que mudaram o mundo.**

INGLATERRA
Ada Lovelace
Agatha Christie
Emma Watson
J. K. Rowling
Mary Shelley
Maureen Dunlop
Princesa Diana
Rainha Elizabeth II
Rosalind Franklin

CANADÁ
Donna Strickland
Margaret Atwood

FRANÇA
Coco Chanel
Françoise Barré-Sinoussi
Jeanne Baret
Joana D'Arc

ESTADOS UNIDOS
Amelia Earhart
Angela Davis
Anne Sullivan
Aretha Franklin
Billie Jean King
Danica Patrick
Gladys Mae West
Helen Keller
Jennifer Doudna
Jessica Cox
Katherine Johnson
Margaret Hamilton
Michelle Obama
Nellie Bly
Nina Simone
Oprah Winfrey
Rosa Parks
Ruby Bridges
Serena Williams
Simone Biles
Vera Rubin
Viola Davis

MÉXICO
Frida Kahlo

BRASIL
Ada Rogato
Anita Garibaldi
Anita Malfatti
Bertha Lutz
Carolina Maria de Jesus
Cecília Meireles
Clarice Lispector
Clementina de Jesus da Silva
Cora Coralina
Daiane dos Santos
Djamila Ribeiro
Dorina Nowill
Duilia de Mello
Ester Sabino
Eugênia Brandão
Jaqueline Goes de Jesus
Marcia Barbosa
Maria da Penha
Maria Esther Bueno
Maria Júlia Coutinho
Maria Lenk
Maria Quitéria
Marielle Franco
Marta Vieira da Silva
Nise da Silveira
Rachel de Queiroz
Ruth Rocha
Tarsila do Amaral
Terezinha Guilhermina
Zilda Arns

ARGENTINA
Emilia Ferreiro
Eva Perón
Evelina Cabrera

CHILE
Isabel Allende

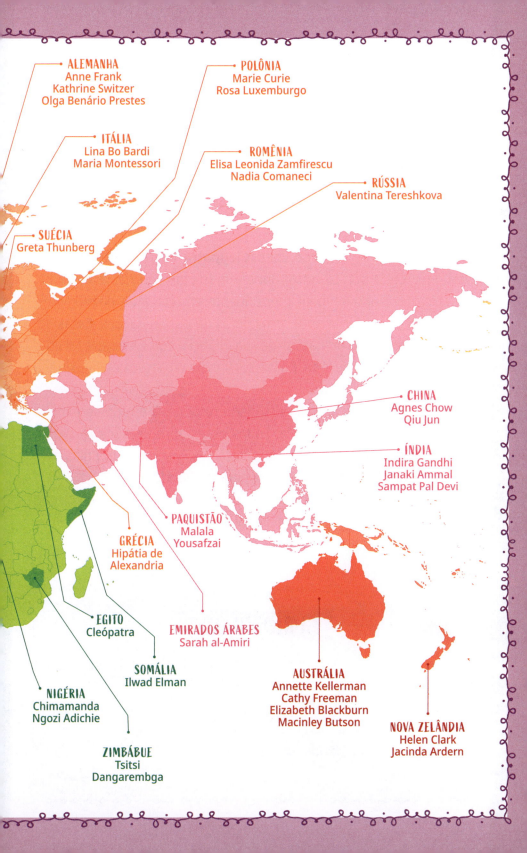

África • Egito

CLEÓPATRA

69 a.C. – 30 a.C.

A mais famosa rainha do Egito, **Cleópatra VII Thea Filopator** governou o Egito por 22 anos, após a morte de seu pai. Inteligente, perspicaz e muito simpática, era fluente em cerca de dez idiomas, comunicando-se facilmente com líderes de outras nações. Essas habilidades foram adquiridas desde sua infância, pois Cleópatra foi educada para assumir o trono. Para isso, tinha a biblioteca de Alexandria à sua disposição.

Na adolescência, já havia estudado retórica, a fim de se expressar com precisão e elegância. Todos esses aprendizados ajudaram a rainha em sua busca por restabelecer os costumes do Egito e do Oriente, que haviam sido, pouco a pouco, abandonados.

Há inúmeros mitos e lendas acerca da rainha, mas seu papel como uma das governantes mais inteligentes e empoderadas é, sem dúvida, o maior destaque em sua história.

CURIOSIDADES

- Cleópatra foi expulsa do trono por seu irmão mais novo, que temia o governo da rainha.
- Para retornar ao trono do Egito, Cleópatra firmou uma aliança com Júlio César, general romano.
- A rainha teve um filho com Júlio César.

Rainha inteligente e empoderada

Escritora e símbolo do feminismo

África • Nigéria

Chimamanda Ngozi Adichie
1977

Antes de se tornar escritora, **Chimamanda Ngozi Adichie** cursava Farmácia e Medicina na Universidade da Nigéria, mas queria estudar Comunicação e Ciências Políticas. Aos 19 anos, ganhou uma bolsa de estudos nessas áreas e se mudou para os Estados Unidos.

Apesar dos numerosos trabalhos publicados como professora doutora e administradora na Universidade da Nigéria, Chimamanda é mundialmente conhecida por seus livros, que têm forte apelo político e buscam trazer visibilidade às mulheres negras e africanas. Suas obras também abordam temas como racismo e pobreza.

Chimamanda dá muitas palestras sobre esses assuntos; algumas estão disponíveis em plataformas digitais e já foram vistas em pelo menos 46 línguas diferentes.

A escritora vem se destacando como uma importante voz para o feminismo e outras questões de relevância social.

CURIOSIDADES

- O livro *Americanah* foi selecionado pelo jornal *The New York Times* como um dos 10 melhores livros de 2013.
- O livro *Meio sol amarelo* foi adaptado para o cinema e lançado em 2013.
- A cantora Beyoncé incluiu uma parte do discurso de Chimamanda na canção *Flawless*.

África • Zimbábue

Tsitsi Dangarembga
1959

Tsitsi Dangarembga é uma escritora, dramaturga e diretora de cinema, com diversas obras nos campos literário, cinematográfico e teatral. Embora tenha nascido no Zimbábue, ela passou a infância e a adolescência na Inglaterra.

Depois de retornar a seu país de origem, Tsitsi ingressou na Universidade de Harare e escreveu um grande clássico da literatura africana: *Nervous conditions*. Uma vez que retratava as difíceis condições enfrentadas pela mulher no seu país, a obra de Tsitsi não foi bem-vista pelos editores. Com isso, ela conseguiu publicá-lo apenas na Inglaterra, façanha que lhe rendeu o título de primeira mulher negra do Zimbábue a publicar um livro em inglês.

Além de se destacar nos campos literário e cinematográfico, a atuação de Tsitsi no meio social é bastante relevante, pois ela participa de movimentos que visam garantir melhores condições e oportunidades para seu povo, em especial as mulheres.

A partir de sua experiência, a escritora e dramaturga acredita que, para melhorar a situação no mundo, é preciso que cada um atue nessa mudança!

CURIOSIDADES

- A obra *Nervous conditions*, publicada em 1988, foi considerada pela BBC como um dos 100 livros que moldaram o mundo.
- Atualmente, Tsitsi vive com o marido e os três filhos no Zimbábue, local onde criou vários projetos que ajudam mulheres a se tornarem artistas e cineastas. Além disso, ela fundou a produtora Nyerai Films e o Festival de Cinema Feminino de Harare.

Ícone da literatura e do cinema africanos

Símbolo da paz

África/América · Somália/Canadá
Ilwad Elman
1989

Ilwad Elman é uma ativista somali-canadense que ganhou repercussão no mundo por causa do seu engajamento no combate à violação dos direitos de mulheres e crianças.

Nascida em Mogadíscio, capital da Somália, aos 2 anos de idade Ilwad fugiu com a mãe e as irmãs para o Canadá por causa da insegurança que se instalava no país em decorrência da guerra civil. Seu pai, porém, decidiu ficar no país para ajudar órfãos e crianças-soldado com programas de apoio e reabilitação.

Por causa do ativismo, o pai de Ilwad foi assassinado. Assim, em 2010, apesar dos perigos ainda existentes, a jovem retornou à Somália com a mãe e as irmãs, para uma nobre missão: continuar o trabalho e o legado do pai.

Em um período de dez anos, Ilwad e a mãe construíram uma organização sem fins lucrativos chamada Centro de Paz Elman, onde promovem uma série de programas em prol do povo somali, como o programa "Larga a arma, pega a caneta", que ajuda milhares de jovens a se reintegrarem na sociedade, e o programa "Irmã Somália", que dá suporte a mulheres vítimas de violência doméstica.

Por sua corajosa atuação a favor dos indefesos, Ilwad se tornou um modelo em seu país. Um verdadeiro símbolo de paz, a ativista quer apenas uma coisa: um futuro diferente para os habitantes da Somália.

CURIOSIDADES

- Ilwad é reconhecida atualmente como uma das 100 vozes mais influentes da África.
- Por seu trabalho na promoção da paz na Somália, a ativista foi laureada com o Prêmio África, promovido pela Alemanha, em 2020.

América • Argentina

Emilia Ferreiro

1937

Emilia Ferreiro é uma psicóloga, pesquisadora e escritora nascida na Argentina e radicada no México. Ela se formou em Psicologia pela Universidade de Buenos Aires e obteve doutorado pela Universidade de Genebra, onde contou com a orientação de Jean Piaget, difusor da pedagogia construtivista e um dos maiores estudiosos do século XX.

Os estudos de Emilia, que são focados nos processos de alfabetização das crianças e em suas dificuldades de aprendizagem, trouxeram um grande impacto para a educação, principalmente no contexto brasileiro.

Em suas pesquisas, Emilia defende a premissa de que, no processo de ensino-aprendizagem, as crianças têm um papel ativo. Portanto, são elas que constroem o próprio conhecimento. Nas próprias palavras da pesquisadora: "Por trás da mão que pega o lápis, dos olhos que olham, dos ouvidos que escutam, há uma criança que pensa".

A premissa defendida por Piaget e Emilia é tão revolucionária que implica uma mudança na metodologia de ensino. Isso significa que, na alfabetização, quem deve estar em foco não é a escola ou o conteúdo abordado, mas o próprio aluno e suas experiências.

Em virtude da vasta vivência na área da alfabetização, Emilia publicou uma série de artigos e livros sobre o tema. Além disso, graças às suas importantes contribuições para a educação, ela recebeu vários prêmios e honrarias.

CURIOSIDADES

- Entre as obras de Emilia, destaca-se a *Psicogênese da língua escrita*. Publicada em 1986, a obra coloca em xeque a metodologia tradicional do ensino da leitura e da escrita.

- Uma das premiações recebidas por Emilia foi a Medalha Libertador da Humanidade. Ela foi outorgada pela Assembleia Legislativa da Bahia em 1994. Esse prêmio já foi atribuído a grandes personalidades, como Paulo Freire.

Educadora revolucionária

A voz dos "descamisados"

América · Argentina

Eva Perón

1919-1952

Eva Perón foi uma famosa política argentina. Mesmo com poucos recursos e pouca instrução, aos 16 anos decidiu seguir carreira artística, estrelando filmes e radionovelas. Porém, o destino da atriz parecia ser outro, e foi assim que ela descobriu a política, ao se casar com Juan Domingo Perón, eleito presidente do país em 1946.

Evita, como era carinhosamente chamada por alguns, era dona de grande elegância e carisma, o que conquistou a admiração e o apoio da população. Mas, por ser jovem e de origem humilde, ela foi alvo de rejeição da oposição.

Ainda assim, Eva realizou um intenso trabalho na política. Além de batalhar pela legalização do voto feminino, criou a Fundação Eva Perón, que ajudou a construir hospitais, escolas e lares para pessoas idosas e mães solo.

Por sua atuação, Eva se tornou uma mulher lendária. Mesmo tendo sido amada por uns e odiada por outros, é indiscutível seu notável papel na história política da Argentina e do mundo.

CURIOSIDADES

- Eva estabeleceu um vínculo tão forte com os trabalhadores que os apelidou de "descamisados".
- Em Palermo, Buenos Aires, há um museu dedicado a ela, chamado Museu Evita.

América • Argentina

Evelina Cabrera
1986

Evelina Cabrera é técnica de futebol, dirigente esportiva, além de fundadora e presidenta da Associação Feminina de Futebol Argentino (AFFAR). Mas, antes de chegar a essa importante posição, ela teve de enfrentar vários desafios.

Por ter crescido em um lar problemático e sofrido violência por parte do namorado, Evelina decidiu sair de casa aos 16 anos e acabou se encontrando em uma situação igualmente difícil: foi morar na rua e passou a cuidar de carros para sobreviver.

A vida de Evelina mudou por completo quando ela descobriu o esporte, mais precisamente o futebol. Ela começou como jogadora, mas, devido a um problema de saúde, tornou-se técnica de futebol. Nessa posição, treinou uma série de clubes e logo se tornou dirigente esportiva.

Atualmente, por meio da associação que fundou, Evelina ajuda a garantir que outras jogadoras encontrem seu espaço no esporte, trazendo, assim, mais visibilidade às mulheres no ramo esportivo.

Por sua incrível trajetória de vida e seu ativismo social, Evelina ganhou uma série de reconhecimentos. Um deles foi o convite para palestrar na Organização das Nações Unidas sobre sua luta em prol da equidade de gênero e social.

É evidente para Evelina a importância do esporte para a promoção da igualdade e dos direitos das mulheres. Afinal, conforme ela mesma diz: "O esporte não tem gênero".

CURIOSIDADES

- Em 2020, Evelina lançou o livro *Alta Negra*. Autobiográfico, ele conta o trajeto realizado pela técnica para se tornar uma das ativistas mais renomadas de seu país.
- Ela foi reconhecida pela BBC, em 2020, como uma das 100 mulheres mais influentes do mundo.

Técnica de superação

Pioneira dos ares

América • Brasil

Ada Rogato

1910-1986

Ada Rogato é um dos grandes nomes da aviação no Brasil. Filha de pais imigrantes italianos, ela era muito destemida e ousada. Por isso, tinha grande vocação para o pioneirismo nas alturas.

A aviadora foi a terceira mulher no Brasil a conseguir um brevê para pilotar aviões, porém foi a primeira a obter o brevê de piloto de planador e de paraquedista, além de primeira mulher a pousar no aeroporto mais alto do mundo, o *El Alto*, localizado na Bolívia, em 1952.

Contrariando um estilo de vida considerado apropriado para as mulheres na época, ou seja, casar-se e formar uma família, Ada mergulhou no universo que tanto amava. Mesmo tendo de enfrentar problemas financeiros, o que piorou com a separação de seus pais, a jovem reuniu a coragem e a quantia de que precisava para iniciar os estudos na aviação.

São incontáveis as façanhas aéreas realizadas por Ada. Graças à sua excepcional trajetória no mundo da aviação, que só foi possível por causa de sua coragem e persistência, ela sempre será lembrada.

CURIOSIDADES

- Ada realizou diversos voos solo históricos. Em 1951, por exemplo, ela cruzou as três Américas, percorrendo 50 mil quilômetros, tornando-se, assim, a primeira sul-americana a fazer uma viagem desse tipo.
- Durante sua carreira, Ada recebeu vários prêmios e honrarias, sendo 35 medalhas de distintas instituições e países e seis taças em competições aéreas e de paraquedismo.

América • Brasil

Anita Garibaldi

1821-1849

Ana Maria de Jesus Ribeiro, conhecida como **Anita Garibaldi**, nasceu em Santa Catarina. Ela se casou aos 14 anos, após a morte do pai, mas o relacionamento durou pouco, pois seu marido se alistou no Exército, e ela voltou para a casa da mãe.

Nessa mesma época, Anita conheceu o italiano Giuseppe Garibaldi, um guerrilheiro que, assim como ela, lutava pela revolução. Unida a ele, Anita passou a atuar ativamente em muitos combates, lutando também pela autonomia do Rio Grande do Sul, na Guerra dos Farrapos.

Mais tarde, lutou ao lado dos uruguaios contra a invasão argentina. Em meio às batalhas, Anita se casou com Garibaldi, com quem teve três filhos. Ela morreu aos 27 anos, grávida pela quinta vez, enquanto lutava pela unificação da Itália.

Apesar de ter falecido jovem, a revolucionária se tornou um exemplo de bravura e determinação.

CURIOSIDADES

- Anita Garibaldi tem sua história contada em filmes italianos e em um filme brasileiro.
- Para escapar de um ataque, Anita teve de fugir carregando o filho, que tinha apenas 12 dias de vida.
- Em Roma, Anita foi homenageada com um monumento, no qual é representada armada, montada em um cavalo e com o filho no colo.

Revolucionária do mundo

Artista expressionista

América • Brasil

Anita Malfatti
1889-1964

Anita Malfatti foi uma importante artista plástica brasileira. Nascida com uma atrofia no braço e na mão direita, ela teve que aprender a usar a mão esquerda para fazer o que precisasse, inclusive suas obras.

Anita se formou professora aos 19 anos de idade e, com a ajuda de familiares, estudou Artes na Alemanha (1910-1914) e nos Estados Unidos (1915-1916), países onde aprendeu o estilo expressionista. Mas suas primeiras aulas vieram de sua mãe, que lecionava pintura.

Na época em que estudou nos Estados Unidos, Anita pintou obras importantes, como *A boba*, *O japonês* e *O farol*. Incentivada por amigos, em 1917 Anita apresentou 53 de suas obras na *Exposição de Pintura Moderna Anita Malfatti*.

Como o estilo expressionista ainda era novidade no Brasil, as pinturas de Anita foram criticadas na época, mas isso só trouxe notoriedade para suas obras, que se tornaram grandes clássicos da pintura moderna.

Com uma arte diferenciada, Anita mostrou que, muitas vezes, é preciso romper certos padrões para se alcançar algo extraordinário!

CURIOSIDADES

- Em 1922, Anita participou de um dos eventos de arte mais famosos da história do Brasil, a Semana de Arte Moderna, ao lado de outra grande pintora da época, Tarsila do Amaral.
- Obras famosas de Anita estão expostas em importantes museus brasileiros. No Museu de Arte Contemporânea da Universidade de São Paulo (MAC USP), encontra-se *A boba*.

América • Brasil

Bertha Lutz
1894-1976

Bertha Lutz foi uma bióloga, política e ativista brasileira, sendo responsável pelo estabelecimento da legislação que permitiu às mulheres o direito de votar e de serem votadas no país. Seu ativismo a figurou como uma das personalidades mais significativas do feminismo no Brasil, no século XX.

Filha de uma enfermeira inglesa e do renomado médico e cientista Adolfo Lutz, Bertha se formou em Biologia na Europa. De volta ao Brasil, em 1918, ela ingressou como bióloga no Museu Nacional mediante concurso público. Com isso, tornou-se a segunda mulher a compor o serviço público brasileiro.

Em 1933, ao se formar em Direito, Bertha iniciou seu trabalho político no país. Nessa posição, seu ativismo entrou em evidência, pois ela procurou lutar por mudanças na legislação trabalhista, a fim de promover o direito das mulheres ao trabalho e à licença-maternidade, assim como à igualdade salarial.

Fortemente dedicada à luta pelos direitos das mulheres, Bertha criou várias entidades para esse fim. É graças a ela e seu ativismo que grandes avanços foram feitos no sentido de dar à mulher o seu espaço no mercado de trabalho.

CURIOSIDADES

- Em 1975, Bertha foi convidada a integrar a delegação do Brasil no primeiro Congresso Internacional da Mulher, realizado no México.
- Mediante os esforços de Bertha e de outras mulheres, em 1932 foi estabelecido o direito de voto feminino por meio do decreto promovido pelo presidente Getúlio Vargas.

Defensora das mulheres

Voz da favela

América • Brasil

Carolina Maria de Jesus
1914-1977

Carolina Maria de Jesus é considerada uma das mais importantes escritoras negras da literatura brasileira. Natural de Minas Gerais, ela ganhou reconhecimento após a publicação de seu livro *Quarto de despejo: diário de uma favelada*, em 1960. Nele, a escritora relata o dia a dia na favela do Canindé, na cidade de São Paulo, local onde passou a morar depois de deixar seu estado natal.

No Canindé, Carolina trabalhava catando papel e outros materiais recicláveis para garantir o sustento de seus três filhos, mas ela tinha forte convicção de que a leitura e a escrita poderiam mudar sua vida. Por isso, decidiu registrar em diários sua árdua vivência na favela.

Os escritos de Carolina foram publicados com a ajuda de um jornalista. Usando uma linguagem coloquial e despreocupada com as questões gramaticais, sua obra foi um sucesso de venda e resultou em homenagens da Academia Paulista de Letras, da Academia de Letras da Faculdade de Direito de São Paulo, entre outras.

Carolina é um forte exemplo de que não importa de onde você veio, mas, sim, aonde deseja chegar!

CURIOSIDADES

- Carolina recebeu educação formal por dois anos apenas. Mas isso não a impediu de escrever diversas obras.
- *Quarto de despejo* é a principal obra de Carolina Maria de Jesus. Lançado em cerca de 40 países, o livro ganhou grande reconhecimento mundial.

América • Brasil

Cecília Meireles
1901-1964

Cecília Meireles foi uma grande poeta carioca, sendo uma das primeiras mulheres a ganhar destaque na literatura brasileira. Ela estreou no campo literário aos 18 anos, com o livro *Espectros*, mas já escrevia poesia desde os 9.

A autora perdeu o pai antes mesmo de nascer, e a mãe, com 3 anos. Por isso, foi criada pela avó. Cecília se formou professora, exercendo o ofício em várias escolas e, posteriormente, lecionando Literatura e Cultura Brasileira em universidades.

Muitas foram as contribuições da escritora para a literatura. Além de numerosos poemas, ela escreveu contos, crônicas e obras voltadas para o universo infantil e folclórico. Em seus poemas, de caráter histórico, simbólico e principalmente reflexivo, Cecília abordava diferentes questões relativas à vida, ao tempo, ao amor e à natureza, como forma de questionar o mundo a partir de suas vivências.

Por seus ricos trabalhos, Cecília foi agraciada com vários prêmios (Jabuti, Machado de Assis, etc.) e convidada a realizar conferências em diferentes países sobre os assuntos aos quais se dedicava: educação, literatura e folclore brasileiros.

CURIOSIDADES

- A primeira biblioteca infantil do Brasil foi fundada por Cecília Meireles em 1934, no Rio de Janeiro.
- Em 1989, a poeta teve sua imagem estampada na cédula de cem cruzados novos, como uma homenagem do Banco Central.

Poeta da vida

Escritora
da epifania

América • Brasil

Clarice Lispector
1920-1977

Clarice Lispector foi uma escritora brasileira de origem judia. Quando ainda era criança, saiu da Ucrânia e veio ao Brasil com sua família para fugir da perseguição aos judeus e das péssimas condições decorrentes da Guerra Civil Russa.

Desde muito jovem, ela nutria um grande amor pela literatura, mas foi aos 19 anos que escreveu seu primeiro conto, intitulado *Triunfo*. Nessa mesma época, decidiu cursar Direito, com o objetivo de tentar diminuir as injustiças na vida das pessoas necessitadas.

Depois de formada, Clarice ingressou na carreira literária com o romance *Perto do coração selvagem*. A partir daí, ela publicou várias outras obras, conquistando diversos prêmios, bem como a admiração dos leitores.

Qual o segredo do sucesso da escritora? Tudo indica que é a sua escrita inovadora e intimista, repleta de personagens fortes e questionadores que buscam a descoberta do próprio eu.

CURIOSIDADES

- Clarice é considerada uma das principais escritoras brasileiras do século XX e a maior escritora judia depois de Franz Kafka.
- Ela atuou como redatora, colunista e tradutora de obras de escritores renomados, como Agatha Christie, Oscar Wilde e Edgar Allan Poe.

América · Brasil

Clementina de Jesus da Silva
1901-1987

Clementina de Jesus da Silva, mais conhecida como Rainha Quelé, foi uma das grandes vozes da Música Popular Brasileira (MPB), tendo alcançado reconhecimento somente após os 60 anos de idade. Natural do Rio de Janeiro, filha de uma parteira e de um mestre de capoeira e violeiro, ela cresceu ouvindo sua mãe cantar ladainhas, partido-alto e jongo.

Clementina passou boa parte da vida trabalhando como lavadeira e doméstica. Sem nenhuma pretensão profissional, ela cantava apenas em igrejas e rodas de samba. Foi em uma dessas rodas, em 1960, que o talento musical de Clementina (com 64 anos na época) foi descoberto.

Encantado com o tom grave e melodioso de Quelé, um compositor a convidou para compor o musical *Rosa de Ouro*, lançando-a no mundo de música. Ganhando destaque no evento, Clementina passou a gravar vários discos, a participar de muitas gravações a convite de grandes sambistas, como João da Baiana e Pixinguinha, e a se apresentar em vários festivais no exterior.

Apesar da condição desfavorável na época, como mulher, negra, idosa e pobre, Quelé conseguiu se fazer ouvir e trazer visibilidade à sua música, fortemente influenciada pela cultura afro-brasileira.

CURIOSIDADES

- Em homenagem à Rainha Quelé, em 2018, o Sesc São Paulo realizou um evento intitulado *Obrigado, Clementina!*, que trouxe uma série de *shows* comandados pelo *rapper* Emicida.
- Mesmo tendo ingressado tardiamente no universo profissional da música, a cantora gravou ao todo 13 discos, entre álbuns solo e coletivos.

Voz do samba

A voz da experiência

América • Brasil

Cora Coralina
1889-1985

Cora Coralina, pseudônimo de Ana Lins dos Guimarães Peixoto Bretas, foi uma das maiores poetas brasileiras. Um clássico exemplo do ditado "nunca é tarde para começar", Cora publicou o primeiro livro, *Poemas dos becos de Goiás e estórias mais*, aos 75 anos de idade.

Nascida em Cidade de Goiás, estado de Goiás, a poeta estudou até a terceira série e passou a escrever poemas e contos aos 14 anos. Casada com um advogado, Cora teve quatro filhos. Após o falecimento do marido, ela precisou dedicar boa parte da vida à produção de doces para garantir o sustento da família. Assim, dividia seu tempo entre duas paixões: fazer doces e escrever poemas.

No decorrer dos anos, Cora também trabalhou como vendedora de livros e escritora em jornais. Mas, aos 70, decidiu aprender datilografia para digitar suas obras e poder oferecê-las a editoras.

Além dos poemas, em que retratava sua história e seu entorno, Cora escreveu contos e obras infantis. Apesar do tardio ingresso no mundo literário, a publicação de seus trabalhos lhe rendeu muitos prêmios e, o mais importante, reconhecimento.

CURIOSIDADES

- Após a morte de Cora, a casa onde a poeta viveu os últimos anos de vida, em Cidade de Goiás, foi transformada em um museu.
- Em 1984, um ano antes de falecer, Cora passou a ocupar a cadeira de número 38 da Academia Goiana de Letras.

América · Brasil

Daiane dos Santos

1983

Daiane dos Santos é uma famosa ginasta brasileira. Diferentemente da maioria das ginastas, ela ingressou no esporte tardiamente, com 11 anos de idade.

Aos 15, Daiane já começou a brilhar na ginástica artística, ganhando sua primeira medalha de ouro em um torneio na Austrália. No ano seguinte, mais duas medalhas entraram para a coleção: uma de bronze e uma de prata, conquistadas em uma competição no Canadá.

Desde então, acumulou muitas outras premiações. No entanto, ela tornou-se de fato um ícone quando, em um torneio mundial, ganhou uma medalha de ouro ao realizar dois movimentos de sua autoria: duplo twist carpado e duplo twist esticado.

Como resultado de muito esforço, Daiane liderou o *ranking* mundial de solo durante anos. Encerrando uma carreira vitoriosa, ela deixou como legado o incentivo para todos os que almejam registrar sua marca na história da ginástica artística.

CURIOSIDADES

- O duplo twist carpado foi batizado como "Dos Santos I", e o duplo twist esticado, como "Dos Santos II", ambos em sua homenagem.
- Daiane mantém um projeto social em São Paulo, voltado para crianças que têm interesse na ginástica artística.

Ícone da ginástica artística

Voz da atualidade

América · Brasil

Djamila Ribeiro

1980

Djamila Ribeiro é uma filósofa, professora, escritora e ativista social brasileira. Com graduação e mestrado em Filosofia, ela se tornou conhecida no país por denunciar a violência e a desigualdade social, em especial contra negros e mulheres.

O interesse de Djamila pela temática feminista foi despertado logo cedo, quando, na adolescência, ela trabalhou em uma ONG, em Santos, que defendia os direitos das mulheres e da população negra, a Casa de Cultura da Mulher Negra. Além disso, como seu pai era um militante e ativista do movimento negro, ela cresceu tendo uma consciência crítica sobre as questões raciais no Brasil.

Atual colunista do jornal *Folha de S.Paulo*, Djamila foi secretária-adjunta de Direitos Humanos e Cidadania da cidade de São Paulo em 2016. Ela possui três obras lançadas: *O que é lugar de fala?* (2016), *Quem tem medo do feminismo negro?* (2018) e *Pequeno manual antirracista* (2018), livro vencedor do Prêmio Jabuti na categoria Ciências Humanas.

Com sua atuação acadêmica, intelectual e política, Djamila tem combatido o preconceito racial no Brasil, fazendo a população repensar a sua postura na sociedade. A ativista é, sem dúvida, uma importante voz da atualidade na defesa das mulheres, dos negros e de outras minorias.

CURIOSIDADES

- Djamila coordena a coleção *Feminismos Plurais*, da editora Jandaíra, na qual criou o Selo Sueli Carneiro, para publicação de livros de autores negros.
- A ativista estampou a capa da revista *Forbes*, em 2021, como uma das 20 mulheres brasileiras de sucesso, com poder de transformar o mundo.

América • Brasil

Dorina Nowill
1919-2010

Dorina Nowill foi uma pedagoga brasileira, conhecida por seu intenso trabalho voltado à inclusão de pessoas com deficiência visual. Vítima de uma doença que a deixou cega aos 17 anos, dedicou sua vida a ajudar pessoas na mesma condição.

Como na época não havia material adaptado para estudantes com deficiência visual, ela foi a primeira aluna cega a frequentar um curso regular de formação de professores em São Paulo e, para suprir essa necessidade, criou a Fundação Dorina Nowill para Cegos.

A pedagoga sempre lutou pela integração social das pessoas com deficiência visual. Além da educação, sua outra preocupação era a prevenção da cegueira. Dorina encontrou, em seu momento de fragilidade, uma força inimaginável, não só para lidar com sua nova realidade, como também para ajudar aqueles que passavam pela mesma situação.

CURIOSIDADES

- Atualmente, a Fundação Dorina Nowill conta com a maior Imprensa Braille da América Latina, além de uma biblioteca para pessoas com deficiência visual.
- A pedagoga escreveu uma obra intitulada *...E eu venci assim mesmo*, na qual relata toda a sua trajetória e luta pela inclusão.

Educadora
visionária

Cientista das estrelas

América · Brasil

Duilia de Mello

1963

Nascida no interior de São Paulo e criada no Rio de Janeiro, **Duilia de Mello** é um dos grandes nomes da ciência, tanto no Brasil quanto no exterior. Seu encantamento pela área começou cedo e, aos 14 anos de idade, ela já sabia que queria seguir carreira em física e astronomia.

Graduada em Astronomia pela Universidade Federal do Rio de Janeiro (1985), mestre pelo Instituto de Pesquisas Espaciais (1988) e doutora pela Universidade de São Paulo (1995), Duilia atuou como professora de Física e Astronomia na Universidade Católica de Washington e atualmente é pesquisadora do *Goddard Space Flight Center*, o primeiro centro de voo espacial da NASA.

Em um ambiente dominado por homens, Duilia precisou se dedicar aos estudos e impor seu lugar como cientista. Graças a isso, ela realizou muitas descobertas espaciais, em que se destacam a Supernova 1997D e as Bolhas Azuis.

Por sua importante atuação na área da ciência, Duilia recebeu muitas homenagens. Em 2013, ela foi considerada uma das 10 mulheres que mudaram o Brasil pelo *Barnard College/Columbia University* e, no ano seguinte, foi escolhida uma das 100 pessoas mais influentes do Brasil pela revista *Época*.

Além de ter feito muitas descobertas espaciais, Duilia é uma grande inspiração para as mulheres que desejam ingressar nessa área ainda tão pouco acessível ao público feminino!

CURIOSIDADES

- Duilia publicou mais de 100 artigos científicos e é autora do livro *Vivendo com as estrelas,* que aborda sua trajetória na ciência.
- A cientista é idealizadora do projeto Associação Mulher das Estrelas, cujo objetivo é promover a carreira das mulheres na ciência, tecnologia, engenharia e matemática.

América · Brasil

Ester Sabino

1960

Imunologista, pesquisadora e professora universitária, **Ester Sabino** ganhou o merecido reconhecimento na comunidade científica recentemente, por ter feito, em tempo recorde, o sequenciamento do genoma do coronavírus 2019 no Brasil.

Em 2020, quando o primeiro caso de covid-19 no país foi confirmado, a equipe liderada por Ester já havia sequenciado o genoma do vírus, e isso levou apenas dois dias. Em outros países, a média para decodificação do vírus foi de 15 dias.

Graduada em Medicina e com doutorado em Imunologia, ao longo de sua carreira Ester atuou como diretora do Instituto de Medicina Tropical da Universidade de São Paulo (USP) e como cientista do Instituto Adolfo Lutz. Atualmente, ela é professora associada e pesquisadora na Faculdade de Medicina da USP.

As pesquisas da médica trouxeram uma série de contribuições para a ciência e a saúde. Além de sua importante atuação no sequenciamento do vírus da covid-19, ela contribuiu para estudos sobre a doença de Chagas e participou dos primeiros sequenciamentos dos genomas do HIV e do zika vírus no Brasil.

Embora o trabalho de Ester tenha ganhado repercussão apenas recentemente, é fato que seu nome e suas valiosas contribuições jamais serão esquecidos.

CURIOSIDADES

- ♥ A participação nos primeiros sequenciamentos dos genomas do HIV e do zika vírus no Brasil rendeu a Ester um convite para uma parceria com a Universidade de Oxford.
- ♥ Em 2021, a Secretaria de Desenvolvimento Econômico e a Academia de Ciências do Estado de São Paulo (Aciesp) lançaram o Prêmio Ester Sabino para Mulheres Cientistas, como forma de reconhecer e incentivar a participação de mulheres na ciência.

Uma médica em ascensão

Repórter pioneira

América · Brasil

EUGÊNIA BRANDÃO
1898-1948

Eugênia Brandão foi uma importante jornalista brasileira, considerada a primeira repórter do país. Ela nasceu em Juiz de Fora, Minas Gerais, mas, após a morte do pai, mudou-se com a mãe para o Rio de Janeiro em busca de melhores condições de vida.

Não há registros sobre sua trajetória escolar. Por isso, acredita-se que ela foi autodidata e aprendeu o português por meio da leitura de livros e outros materiais.

Antes de chegar ao ofício de repórter, Eugênia trabalhou como vendedora de uma loja de artigos femininos e masculinos e como atendente em uma livraria, onde teve contato com várias obras e escritores, o que a aproximou da literatura.

Despertado seu interesse pela área, ela decidiu trabalhar em um jornal no Rio de Janeiro, onde foi contratada para o cargo de repórter. Com essa posição, Eugênia tornou-se a primeira mulher a exercer tal função em um jornal no Brasil.

Considerada ousada por usar trajes tidos como masculinos (calça, terno e gravata), a repórter sofreu grande discriminação da sociedade na época. Longe de se intimidar pelo *status quo*, com muita coragem e determinação, Eugênia ganhou o merecido reconhecimento como um grande nome do jornalismo.

CURIOSIDADES

- Eugênia tinha apenas 16 anos quando se tornou a primeira repórter brasileira no país, feito que ela conseguiu apesar de ter uma aparência "fora dos padrões".
- Dona de muitas habilidades, além de jornalista e repórter, Eugênia trouxe importantes contribuições para outras áreas, como cinema e teatro.

América · Brasil

Jaqueline Goes de Jesus
1990

Jaqueline Goes de Jesus é uma biomédica e pesquisadora baiana. Ao lado de Ester Sabino, ela coordenou a equipe de cientistas responsável pelo sequenciamento do primeiro genoma do coronavírus 2019 no Brasil, o que foi feito em apenas 48 horas após a confirmação do primeiro caso de covid-19 no país.

Mesmo jovem, Jaqueline tem uma trajetória acadêmica extensa. Ela é graduada em Biomedicina, mestre em Biotecnologia em Saúde e Medicina Investigativa, doutora em Patologia Humana e Experimental e pós-doutorada pelo Instituto de Medicina Tropical da Universidade de São Paulo (IMT/USP).

A repercussão do rápido sequenciamento do genoma do coronavírus foi tão grande que a cientista ganhou mais notoriedade na comunidade científica. Com isso, ela colocou em evidência a importância da ciência e do papel das mulheres dentro dela.

Nas próprias palavras de Jaqueline, "o papel da mulher na ciência é muito importante para que a equidade de gênero seja estabelecida cada vez mais rápido e, mais do que isso, para que exista qualidade de vida e melhores condições de trabalho para todas as mulheres".

Como mulher, jovem e negra, Jaqueline é, sem dúvida, uma cientista de muita representatividade e uma inspiração para todas as mulheres que desejam atuar no campo da ciência.

CURIOSIDADES

- Em 2020, Jaqueline foi homenageada com a Comenda Zilda Arns, premiação concedida pelo Conselho Nacional de Saúde (CNS) aos profissionais que contribuem para o sistema público de saúde.
- Em 2021, Jaqueline foi escolhida pela Mattel para ser homenageada com uma versão própria da boneca Barbie, devido à sua atuação no combate ao novo coronavírus.

Cientista de representatividade

Grande voz da ciência

América · Brasil

Marcia Barbosa

1960

Marcia Cristina Bernardes Barbosa é uma física e pesquisadora carioca, radicada em Porto Alegre. Ela cursou a graduação, o mestrado e o doutorado na Universidade Federal do Rio Grande do Sul (UFRGS). Durante a graduação, dos 80 alunos da turma, apenas 8 eram mulheres. Desse total, Marcia foi a única mulher a se formar.

Ao longo de sua trajetória acadêmica e profissional, a pesquisadora recebeu diversos prêmios. Muitos deles foram resultado de suas pesquisas sobre as propriedades da água e de seu forte posicionamento em defesa do espaço da mulher no ambiente científico.

Por ser uma das grandes profissionais em seu ramo de atuação, Marcia é membro de diversos grupos importantes, como a Academia Mundial de Ciências (*The World Academy of Sciences* – TWAS); a Sociedade Brasileira de Física; o Conselho Nacional de Ciência e Tecnologia; e a União Internacional de Física Pura e Aplicada (*International Union of Pure and Applied Physics* – IUPAP).

Graças à sua notável contribuição para o meio científico, Marcia dá voz a uma série de mulheres que desejam seguir por esse caminho e nos faz acreditar que a mulher, mais do que fazer ciência, pode fazer a própria história.

CURIOSIDADES

- Juntamente com outros pesquisadores, Marcia publicou, em 2015, um livro intitulado *Mulheres na Física: casos históricos, panorama e perspectiva*s. Como o título já indica, o livro descreve a atuação de grandes nomes femininos da área.
- A pesquisadora também faz parte da Sociedade Americana de Física (*American Physical Society*, em inglês), que nada mais é do que a segunda maior organização de físicos do mundo.

América · Brasil

Maria da Penha

1945

Maria da Penha Maia Fernandes é uma farmacêutica bioquímica e ativista brasileira, reconhecida pela luta contra a violação dos direitos humanos das mulheres, o que resultou na sanção de uma lei que leva o seu nome: a Lei Maria da Penha.

Natural no Ceará, Maria da Penha se graduou em Farmácia e Bioquímica em 1966 e concluiu mestrado em Parasitologia em Análises Clínicas em 1977. Na pós-graduação, ela conheceu Marco Antonio Heredia Viveros, um estudante colombiano com quem se casou e teve três filhas.

Ao lado da família, Maria vivia feliz até que passou a sofrer constantes agressões físicas e psicológicas do marido. Além de ter sido mantida em cárcere privado e sofrer dupla tentativa de feminicídio, Maria ficou paraplégica em decorrência dessas agressões.

A bioquímica levou o caso à justiça, mas Marco Antonio conseguiu se livrar por duas vezes da sentença de prisão. Com a negligência do Estado brasileiro em relação ao caso de Maria, a história ganhou repercussão internacional. A partir disso, o governo elaborou e sancionou a Lei 11.340/2006, denominada Lei Maria da Penha, para proteger mulheres vítimas de violência doméstica.

Em 2021, a Lei foi atualizada, sendo incluído no Código Penal o crime de violência psicológica contra a mulher.

Apesar da experiência traumática que sofreu, Maria da Penha usa sua história de vida para encorajar as mulheres a lutarem por seus direitos e contra a impunidade dos agressores.

CURIOSIDADES

- Maria da Penha relatou a violência que sofreu no livro *Sobrevivi... posso contar*, publicado em 1994.
- Em 2009, ela fundou o Instituto Maria da Penha, a fim de proteger milhares de mulheres vítimas de violência no Brasil.

Símbolo de resistência

Lendária tenista

América • Brasil

Maria Esther Bueno
1936-2018

Maria Esther Bueno foi uma grande tenista brasileira, natural de São Paulo. Considerada a rainha do tênis, ela atuou de 1950 a 1970, conquistando títulos nas três décadas. É considerada a maior esportista do tênis brasileiro, entre homens e mulheres, tendo sido eleita a melhor tenista da América Latina no século XX.

Seu ingresso no tênis ocorreu bem cedo, aos 6 anos de idade, contrariando um desejo do seu pai, que preferia que a filha fizesse aulas de balé. Com 20 anos de carreira, Maria Esther Bueno venceu mais de 500 torneios, tanto na modalidade individual como em duplas. Em 1960, em uma disputa em duplas, ela conquistou quatro *Majors* seguidos. Com esse feito, entrou para a história, aos 19 anos, como a primeira mulher a ganhar o *Grand Slam de Tênis*, ou seja, os quatro *Majors* em um mesmo ano.

Por sua incrível atuação no esporte, em 1978 ela entrou para o Hall Internacional da Fama do Tênis e chegou a ser recebida pelo papa e a conhecer a princesa Diana.

Maria Esther se destacou no esporte porque jogava realmente pela honra e pela vontade de ser a melhor. Considerada por muitos uma das melhores tenistas da história, ela dizia que essa era uma grande vitória, principalmente por ser mulher e brasileira.

CURIOSIDADES

- Em 2012, ela foi incluída na 38ª posição entre os 100 Melhores Tenistas da história.
- Seu nome está no Livro dos Recordes: em 1964, na final do torneio *US Open*, ela venceu a partida contra a estadunidense Carole Graebner em apenas 19 minutos.

América • Brasil

Maria Júlia Coutinho
1978

Maria Júlia Coutinho, popularmente conhecida como Maju, é uma famosa jornalista paulista. Iniciou a carreira como estagiária da TV Cultura, onde posteriormente passou a trabalhar como repórter e a apresentar programas como *Jornal da Cultura* e *Cultura Meio-Dia*.

Em 2007, Maria Júlia chegou à TV Globo. Inicialmente, ela ocupou o papel de "garota do tempo" da emissora em telejornais importantes, como o *Jornal Nacional*. Foi nesse período que a jornalista passou por um episódio delicado na carreira, quando sofreu ataques racistas nas redes sociais. Na época, William Bonner e Renata Vasconcellos, âncoras do jornal, iniciaram a campanha #SomosTodosMaju, em defesa da colega.

Em 2017, Maju passou a ser âncora do *Jornal Hoje*. Em 2019, apresentou eventualmente o *Fantástico* e o *Jornal Nacional*. Em 2021, Maju passou a ser apresentadora fixa do *Fantástico*, ao lado de Poliana Abritta.

Maju é hoje reconhecida em todo o Brasil e ocupa um espaço de representatividade no jornalismo brasileiro, por ser mulher e negra.

CURIOSIDADES

- Em 2019, Maju recebeu o prêmio Melhores do Ano do Troféu Domingão, na área de Jornalismo.
- A edição de 2020 do Prêmio Jabuti, premiação literária mais tradicional do país, foi comandada pela jornalista Maria Júlia Coutinho.

Repórter
da nação

América · Brasil

Maria Lenk
1915-2007

Maria Lenk foi uma nadadora paulista, sendo a única mulher do país a entrar para o Hall da Fama de Natação, além de primeira nadadora brasileira a obter um recorde mundial no esporte.

Ela começou a nadar aos 10 anos, a fim de tratar um problema de saúde. Como teve pneumonia dupla, seus pais a colocaram na natação com o intuito de restaurar e fortalecer seus pulmões.

A primeira vez que Maria nadou foi no rio Tietê, em uma época em que o local era usado para prática de natação e remo. Demonstrando talento para o esporte, ela logo foi convocada para participar dos Jogos Olímpicos de Los Angeles (1932). Assim, aos 17 anos, entrou para a história não só como a primeira brasileira, mas como a primeira sul-americana a disputar uma Olimpíada.

Além dessa competição, Maria venceu, por quatro vezes consecutivas (de 1932 a 1935), uma tradicional prova de natação chamada Travessia de São Paulo a Nado. Em 1936, ela disputou em Berlim as Olimpíadas pela segunda vez, surpreendendo todos com uma braçada inovadora: o nado borboleta.

Maria se destacou na natação em uma época em que as mulheres eram proibidas por lei de praticar esportes que eram "considerados incompatíveis com as condições da natureza da mulher". A nadadora, porém, provou o contrário!

CURIOSIDADES

- O famoso nado borboleta criado por Maria foi oficializado pela Federação Internacional de Natação (FINA) em 1956.
- Em 1939, durante a preparação para os Jogos Olímpicos de Tóquio, Maria Lenk quebrou os recordes mundiais de 200 e 400 metros no nado peito.

América • Brasil

Maria Quitéria
1792-1853

A primeira mulher a fazer parte do exército brasileiro foi **Maria Quitéria de Jesus**. Ela perdeu a mãe quando tinha 10 anos, tendo de assumir os trabalhos da casa e cuidar de dois irmãos.

Maria Quitéria tinha um espírito independente e se interessava por aprender sobre o universo militar. Ela viveu durante o período de luta pela independência do Brasil e, por isso, queria fazer parte daquela conquista também, embora seu pai não aprovasse.

Com a ajuda da irmã, ela desafiou as leis da época e se apresentou à tropa com o nome de soldado Medeiros. Para se parecer com um homem, cortou os cabelos e passou a usar vestes masculinas. Durante a guerra, a identidade de Quitéria foi descoberta, porém ela foi mantida em sua posição por apresentar habilidades essenciais de um soldado na busca pela independência do país.

Graças a sua bravura, força e todos os seus feitos, ela passou a ser reconhecida como uma grande heroína brasileira.

CURIOSIDADES

- A presença de Maria Quitéria era sempre uma agitação, pois ela usava um uniforme diferente, composto por um saiote.
- Em 1823, foi condecorada pelo próprio imperador D. Pedro I com a Imperial Ordem do Cruzeiro, no grau de Cavaleiro.

Guerreira da independência

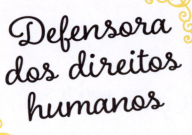

Defensora dos direitos humanos

América • Brasil

MARIELLE FRANCO
1979-2018

Marielle Francisco da Silva, conhecida como Marielle Franco, foi uma socióloga e política carioca. Formada em Sociologia com mestrado em Administração Pública, ela era membro do Partido Socialismo e Liberdade (PSOL) e foi eleita vereadora do Rio de Janeiro em 2016.

Antes de se dedicar à política, Marielle atuou como vendedora, empregada doméstica, dançarina e educadora infantil. No entanto, após a morte de uma amiga, vítima de bala perdida, ela decidiu se dedicar à luta pelos direitos humanos.

Ao longo de sua breve carreira política, Marielle se tornou reconhecida mundialmente por seus projetos de lei em defesa dos direitos das mulheres e das causas LGBTQIA+. Além disso, ela usava sua posição para fazer duras críticas à brutalidade do Estado, especialmente das forças policiais, direcionada à minoria, ou seja, às mulheres, especialmente as negras e faveladas, e à população LGBTQIA+.

Em 14 de março de 2018, Marielle Franco foi assassinada, e o caso gerou diversas manifestações que repercutiram em todo o mundo. Apesar de a vida e a trajetória de Marielle terem sido interrompidas bruscamente, seus ideais seguem vivos, e seu legado se mantém por meio das pessoas que apoiam sua luta.

CURIOSIDADES

- Em 2016, Marielle se elegeu para a Câmara dos Vereadores do Rio de Janeiro com 46.502 votos. Com esse total, ela foi a quinta vereadora mais votada da cidade.
- Durante o período em que atuou como vereadora, Marielle apresentou 16 projetos de lei, todos voltados para a população feminina, negra e LGBTQIA+.

América • Brasil

Marta Vieira da Silva
1986

Marta Vieira da Silva é uma futebolista alagoana que começou a jogar aos 13 anos. Atualmente, é uma das principais jogadoras da Seleção Brasileira de Futebol Feminino e já ganhou seis prêmios de melhor jogadora do mundo! Além disso, Marta entrou para a história como recordista em número de prêmios até o momento, ultrapassando jogadores do futebol masculino e feminino.

Apesar de tantas conquistas, Marta teve de enfrentar todos os que viam o futebol como um esporte apenas para meninos. Ela driblou o preconceito, insistiu no sonho que sempre a acompanhou e conquistou seu espaço aos poucos, com muita garra e perseverança.

Hoje, aquela menina que ousou jogar com os garotos, contrariando a vontade de muitas pessoas, é, com certeza, a inspiração de muitas mulheres que desejam conquistar seu lugar dentro e fora de campo!

CURIOSIDADES

- Marta já fez mais de 100 gols pela Seleção Brasileira, superando a marca de Pelé, um dos maiores nomes do futebol mundial.
- Em 2018, a jogadora recebeu da ONU o título de embaixadora dos Direitos das Mulheres e Meninas no Esporte.
- Em 2019, Marta tornou-se a maior artilheira da história das Copas do Mundo de Futebol entre homens e mulheres, com 17 gols.

Melhor jogadora do mundo

Médica humanista

América • Brasil

Nise da Silveira
1905-1999

Nise da Silveira foi uma psiquiatra natural de Alagoas. Ela revolucionou o tratamento mental no Brasil e, por isso, tornou-se mundialmente reconhecida.

Filha de um professor de matemática e de uma pianista, Nise se formou em Medicina em 1926 pela Faculdade de Medicina da Bahia e se especializou em psiquiatria em uma instituição do Rio de Janeiro. Já na época da graduação, ela ganhou certa repercussão por ter sido a única mulher da turma, composta por mais de 150 alunos, e por ter sido uma das primeiras mulheres a se formar médica no Brasil.

Em 1944, ao ingressar no Hospital Pedro II, no Rio de Janeiro, Nise se mostrou avessa aos métodos usados em pacientes com transtornos mentais, como o eletrochoque, o confinamento e a camisa de força. Como consequência de seu posicionamento, ela foi transferida para a área de terapia ocupacional, desprestigiada na instituição. Assim, o que era para ser uma punição trouxe a Nise a oportunidade de desenvolver métodos humanizados para reabilitação de pacientes.

Os tratamentos propostos pela médica contavam com arteterapia, em que os pacientes expressavam seus sentimentos por meio de pinturas, e com a interação com animais, estabelecendo, assim, vínculos afetivos.

CURIOSIDADES

- A trajetória de Nise foi retratada no livro *Nise – Arqueóloga dos mares*, publicado em 2008, e no filme *Nise – O coração da loucura*, lançado em 2015.
- As obras dos pacientes de Nise estão expostas no Museu de Imagens do Inconsciente, inaugurado pela própria médica em 1952. O acervo possui cerca de 350 mil obras atualmente.

América • Brasil

Rachel de Queiroz
1910-2003

Rachel de Queiroz foi uma famosa escritora brasileira. Com apenas 15 anos, formou-se professora e, aos 17, atuou como redatora para um jornal em Fortaleza, sua cidade natal. Entretanto, projetou-se na vida literária apenas aos 29 anos, quando publicou o romance *O quinze*, obra de cunho social que retrata a luta de um povo contra a miséria e a seca, uma realidade na época.

Em meio à sua trajetória literária, Rachel militou no Partido Comunista e acabou sendo presa por defender ideias esquerdistas. Com isso, ela publicou *O caminho das pedras* (1937), livro em que retrata questões políticas e exalta a participação feminina na vida pública.

Muitos são os trabalhos dessa grande escritora, que, com uma série de livros, crônicas e peças de teatro, ganhou diversos prêmios na área, tornando-se um dos grandes nomes da literatura.

CURIOSIDADES

- Rachel foi a primeira mulher a entrar para a Academia Brasileira de Letras.
- A escritora também foi a primeira mulher a receber o Prêmio Camões, em 1993.

Escritora
da verdade

Escritora das crianças

América • Brasil

Ruth Rocha

1931

Ruth Rocha é um dos grandes nomes brasileiros da literatura infantojuvenil. Ela nutriu o amor pelos livros desde criança ao ouvir histórias contadas pela mãe e pelo avô.

Ao longo da carreira, Ruth atuou como orientadora educacional, redatora na revista *Cláudia* e editora e coordenadora do departamento de publicações infantojuvenis da editora Abril.

Seu ingresso no ramo da literatura infantojuvenil se deu mediante um convite de uma amiga, que a desafiou a escrever uma história. Desse desafio, nasceu *Romeu e Julieta*, o primeiro de diversos livros divertidos e originais escritos por Ruth.

Autora de mais de duzentos títulos, entre os quais se destacam *Marcelo, marmelo, martelo* (1976), *O reizinho mandão* (1973) e *Dois idiotas sentados cada qual no seu barril* (1999), muitas de suas obras foram traduzidas para mais de vinte idiomas.

Ruth costuma dizer que todas as crianças do mundo moram no seu coração. No entanto, com tantas contribuições valiosas para o universo infantil e juvenil, podemos dizer que é Ruth quem está nos lares e no coração de crianças e jovens de todo o Brasil e do mundo.

CURIOSIDADES

- Umas das obras-primas de Ruth é *Marcelo, marmelo, martelo*, que tem mais de setenta edições e vinte milhões de exemplares vendidos.
- No ano de 2008, a escritora foi eleita membro da Academia Paulista de Letras.

América • Brasil

Tarsila do Amaral
1886-1973

Tarsila do Amaral nasceu no interior de São Paulo e teve uma educação muito boa, ao lado dos sete irmãos. Ela estudou por muitos anos na Europa, com artistas e mestres conhecidos e valorizados no mundo todo.

Apesar da grande influência europeia, sentia que precisava retratar em suas obras a realidade brasileira. Então, passou a pintar paisagens, subúrbios, povos indígenas e tudo o que remetesse ao seu lugar de origem. Seu quadro mais conhecido é o *Abaporu*, pintado em 1928.

Contrariando o estilo artístico da época, Tarsila gostava de usar cores vibrantes em suas pinturas. Graças à sua originalidade, a artista se tornou um grande ícone da arte moderna brasileira.

CURIOSIDADES

- A obra *Abaporu* é o quadro mais valioso da arte brasileira, avaliado em aproximadamente 200 milhões de dólares.
- Tarsila ajudou a organizar a Semana de Arte Moderna de 1922, evento muito importante para o desenvolvimento da arte no Brasil.

Ícone
da pintura
brasileira

Atleta da superação

América • Brasil

Terezinha Guilhermina
1978

Terezinha Guilhermina é uma velocista brasileira, reconhecida como uma das maiores atletas paralímpicas do mundo. Natural de Minas Gerais, ela nasceu com retinose pigmentar, uma doença hereditária que causa a perda progressiva da visão.

Vinda de uma família grande e humilde, Terezinha percorreu um longo e desafiador caminho para conquistar seu espaço no topo do atletismo paralímpico. Por não possuir um par de tênis para correr, a atleta quase desistiu do esporte. Para nossa sorte, ela ganhou o calçado de sua irmã e voltou às pistas.

A trajetória profissional de Terezinha, que começou em 2012, reúne uma série de vitórias e recordes. Ela detém 8 medalhas paralímpicas, 15 medalhas em mundiais e 17 medalhas em jogos Parapan-americanos.

Por causa de sua trajetória marcada pela superação, Terezinha realiza palestras que visam motivar outras pessoas a perseguirem seus sonhos, apesar das adversidades. Um dos temas que a velocista aborda é voltado para as mulheres. Por meio de sua participação nas palestras denominadas *Elas nas profissões*, Terezinha motiva as mulheres a buscarem o seu espaço no mercado de trabalho, no esporte ou onde desejarem.

CURIOSIDADES

- Terezinha entrou para o Livro dos Recordes como a atleta com deficiência visual mais rápida do mundo.
- Além disso, detém o recorde mundial da prova dos 400 metros.

América • Brasil

Zilda Arns
1934-2010

Zilda Arns foi uma pediatra e sanitarista catarinense. Filha de descendentes de alemães e com 12 irmãos, ela foi fundadora e coordenadora da Pastoral da Criança, importante projeto social em vigor até hoje.

Formada em Medicina e especializada em pediatria, saúde pública e sanitarismo, a vida profissional de Zilda começou em um hospital pediátrico em Curitiba, no Paraná. Contudo, em 1983, após uma conversa com seu irmão Dom Paulo Evaristo Arns, a sanitarista, juntamente com o arcebispo Dom Geraldo Majella, desenvolveu uma importantíssima ação para diminuir a mortalidade infantil: a Pastoral da Criança.

Com a pastoral, cujo papel é ensinar às famílias noções de higiene e saúde, assim como orientar as mães em relação ao aleitamento materno e ao uso de alimentos nutritivos e acessíveis, Zilda tinha como objetivo combater a desnutrição infantil, a desigualdade social e a violência.

O lindo e honorável trabalho de Zilda foi interrompido abruptamente quando um terremoto destruiu a igreja onde ela palestrava no Haiti. Apesar do triste ocorrido, o projeto de Zilda continua ajudando milhares de crianças.

CURIOSIDADES

- Ainda hoje, a Pastoral da Criança segue presente em todos os estados brasileiros, assim como em outros países da África, Ásia e América Latina.
- Além da Pastoral da Criança, Zilda notou que era preciso ater-se às necessidades do idoso. Com isso, em 2004, fundou a Pastoral da Pessoa Idosa.

Cientista premiada

América • Canadá

Donna Strickland
1959

Donna Strickland é uma cientista canadense que ganhou o Prêmio Nobel de Física em 2018. Ela se formou em Engenharia Física pela Universidade McMaster em 1981, quando era uma das três mulheres em uma turma de 25 pessoas. Em 1989, obteve seu PhD em ótica na Universidade de Rochester.

Ao longo de sua carreira, Donna foi pesquisadora do Conselho Nacional de Pesquisa do Canadá (1988 a 1991), trabalhou no Laboratório Nacional Lawrence Livermore (1992) e, em 1997, ingressou como professora associada na Universidade de Waterloo, onde lidera, atualmente, um grupo de pesquisa sobre *laser* de alta intensidade, seu campo de estudo.

O Nobel de Física foi conquistado com mais dois cientistas pelo desenvolvimento do método para amplificação de pulsos e feixes de *laser*.

De acordo com a cientista, em um campo quase totalmente dominado pelo público masculino, "obviamente precisamos celebrar mulheres físicas porque nós estamos por aí e, com esperança, isso começará a avançar em um ritmo mais rápido".

CURIOSIDADES

- A vitória de Donna é histórica, pois 55 anos se passaram desde a última vez que uma mulher havia sido laureada com o Nobel de Física.
- Dos 210 ganhadores do Nobel na categoria Física, apenas 3 são mulheres: Marie Curie (1903), Maria Goeppert-Mayer (1963) e Donna Strickland (2018).

América · Canadá

Margaret Atwood
1939

Margaret Atwood é uma escritora canadense que ganhou repercussão mundial por causa de obras como *O conto da aia* (1985), *Olho de gato* (1988), *Vulgo Grace* (1996) e *Oryx e Crake* (2003).

Em muitos de seus trabalhos, a escritora aborda questões ambientalistas, sociais e feministas, mostrando os desafios enfrentados pelas mulheres em sociedades distópicas e opressoras.

Filha de um entomologista, a escritora passou a infância em meio a florestas e rodeada por livros. Aos 16 anos, começou a escrever profissionalmente e, anos depois, graduou-se em Inglês, Filosofia e Francês.

Com trabalhos voltados para poesia, contos, romances e obras infantojuvenis, Atwood conquistou diferentes premiações, como o Prêmio para Excelência Literária do *Sunday Times* (Reino Unido) e *Booker Prize* (2000 e 2019).

Graças às suas obras, muito marcadas pela ficção especulativa, um gênero que abrange a fantasia, o terror e a própria ficção científica, Margaret Atwood se tornou uma das principais escritoras da atualidade.

CURIOSIDADES

- Atwood escreveu cerca de 60 livros, grande parte traduzida para mais de 20 idiomas.
- Em 2017, Atwood teve dois de seus trabalhos adaptados para a televisão, *Vulgo Grace* e *O conto da aia*, este premiado com onze *Emmy* e dois *Globos de Ouro*.

Escritora da atualidade

Escritora da vida

América • Chile

Isabel Allende

1942

Isabel Allende é uma famosa escritora chilena. Ainda criança, ela teve de lidar com questões como abandono, preconceito e saudade, pois cresceu em um ambiente conservador, foi deixada pelo pai e teve de fugir de seu país devido a um golpe militar.

Com saudades de casa e, principalmente, de seu avô, Allende passou a escrever várias cartas para ele. Porém, depois que ele faleceu, ela transformou-as em seu primeiro romance, *A casa dos espíritos* (1982), que se tornou um sucesso mundial.

Sua trajetória de vida ajudou Allende a escrever obras de diferentes tipos, algo que contribuiu para seu sucesso. Outro diferencial da escritora é que seus romances estão repletos de situações e personagens reais, principalmente mulheres fortes e marcantes.

Suas vivências e sua sensibilidade fizeram com que Allende conquistasse a admiração de muitos leitores. Por isso, atualmente, ela é uma das maiores escritoras da América Latina.

CURIOSIDADES

- Grande parte de seus livros foi traduzida para 42 idiomas e adaptada para o teatro, o cinema, a ópera e o balé.
- Em 1996, ela criou uma fundação para amparar meninas nas áreas de saúde, educação e direitos humanos e homenagear sua falecida filha.

América • Estados Unidos

Amelia Earhart
1897-1937

Desde criança, **Amelia Mary Earhart** e sua irmã mais nova, Grace, gostavam de subir em árvores, descer ladeiras em um trenó e construir pequenos objetos. Utilizando materiais caseiros, Amelia construiu com seu tio uma rampa semelhante a uma montanha-russa. A ideia não deu muito certo, mas a menina não desistia de uma boa aventura.

Amelia teve uma adolescência conturbada, devido às constantes mudanças de casa e ao alcoolismo enfrentado por seu pai. Nesse cenário, ela ingressou em duas faculdades, mas não concluiu nenhuma. Aos 23 anos, após visitar um campo de pouso na Califórnia e passear de avião, entendeu o que realmente queria fazer.

Quando finalmente se tornou piloto, fez história na aviação, provando sua competência e também a capacidade de fazer coisas que, na maioria das vezes, eram feitas por homens. Além de ser uma das pioneiras da aviação, Amelia Earhart foi uma grande defensora dos direitos das mulheres.

CURIOSIDADES

- Amelia Earhart foi a primeira mulher a atravessar o oceano Atlântico em um voo solo.
- A piloto foi a 16ª mulher a receber um brevê para voar. Ela desapareceu em 1937, a bordo de seu avião *Electra*, quando tentava dar a volta ao mundo.

Pioneira da aviação

Ícone dos movimentos negro e feminista

América • Estados Unidos

Angela Davis

1944

    Angela Davis é uma filósofa, escritora, professora e ativista contra a discriminação racial e grande defensora dos direitos civis. Angela cresceu em um período em que a segregação racial imperava nos Estados Unidos e percebeu a necessidade de lutar pelos direitos da população negra em seu país.

    Diante disso, após se formar em Filosofia, ela passou a integrar o Partido Comunista dos Estados Unidos e o grupo Panteras Negras, um famoso movimento antirracista. Por seu apoio ao movimento, Angela acabou sendo presa em 1970, o que lhe trouxe notoriedade mundial em decorrência de uma mobilização realizada pelo povo, chamada "Libertem Angela Davis".

    Por sua atuação em prol da justiça, a ativista recebeu uma série de honrarias, como o prêmio Thomas Merton (2006) e os títulos de Doutora Honoris Causa (2014) da Universidade Francesa Nanterre e da Universidade Catalã Pompeu Fabra (2021).

    Seu reconhecimento também se deu graças a uma série de publicações feitas pela ativista. Entre elas, as que mais se destacam são *Mulheres, raça e classe* (2006), *A democracia da abolição: para além do império, das prisões e da tortura* (2005) e *Uma autobiografia* (1974).

    Se há uma voz que ganhou os quatro cantos do mundo foi a de Angela Davis. Com isso, ela despertou a voz de muitas outras mulheres que, assim como ela, querem seus direitos reconhecidos.

CURIOSIDADES

- ♥ No episódio da prisão de Davis, a ativista recebeu apoio em forma de homenagens de grandes cantores e bandas. John Lennon e Yoko Ono compuseram a música *Angela*, e a banda The Rolling Stones compôs a música *Sweet Black Angel*.
- ♥ Por causa de um mal-entendido com o grupo Panteras Negras na década de 1970, Davis passou a integrar a lista dos dez criminosos mais procurados pelo FBI.

América • Estados Unidos

Anne Sullivan
1866-1936

Anne Sullivan foi uma educadora estadunidense que ganhou notoriedade por ter ensinado Helen Keller, uma criança surda-cega, a se comunicar por meio da linguagem de sinais feita na palma da mão. Mediante um longo período de trabalho e usando metodologia própria, Anne ajudou Helen a se desenvolver e a se tornar uma grande escritora, conferencista e ativista social.

Filha de imigrantes irlandeses, Anne foi acometida por uma doença que a deixou cega aos 5 anos. Mas, após algumas cirurgias, conseguiu recuperar parte da visão. Vencido esse desafio, ainda criança, Anne teve de lidar com mais algumas provações: perdeu a mãe e foi deixada em um orfanato pelo pai, juntamente com seu irmão, que faleceu tempos depois.

Mesmo vivendo em um orfanato, com poucas condições de oferecer uma educação formal adequada, Anne quis seguir pelo caminho do ensino. Assim, ela se formou professora no Instituto Perkins para Cegos.

Graduada, Anne começou uma longa carreira como professora de Helen. Sua metodologia, que envolveu desde aulas de obediência até o ensino de Braille e linguagem de sinais por meio do tato, trouxe resultados surpreendentes. A dedicação de Anne em ensinar Helen a enxergar e se comunicar com o mundo a tornou um dos grandes nomes da educação. Tal reconhecimento é indiscutível!

CURIOSIDADES

♥ Anne recebeu homenagens de algumas entidades, como Instituto Educacional da Escócia, *Roosevelt Memorial Foundation* e *Temple University*, por seu lindo e incansável trabalho com Helen Keller.

♥ A história de Anne e Helen foi retratada no filme *O milagre de Anne Sullivan*, que foi lançado em 1962 e refilmado em 2000.

Educadora milagrosa

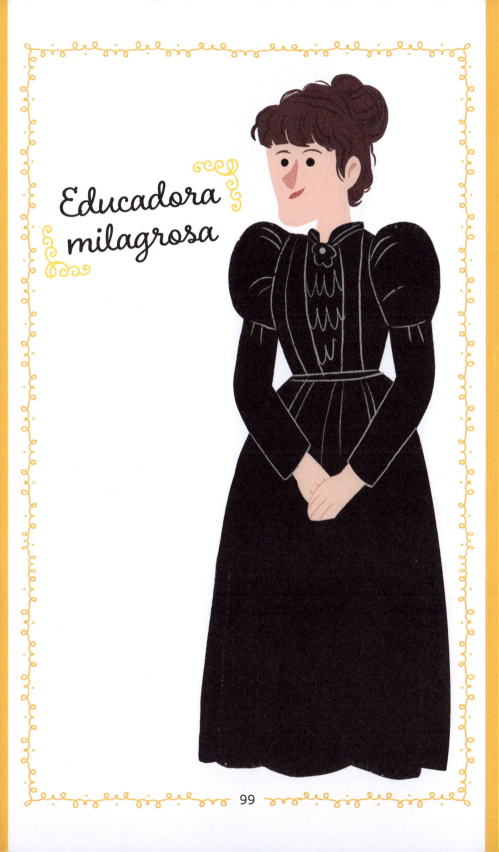

América • Estados Unidos

Aretha Franklin
1942-2018

Aretha Franklin foi uma cantora estadunidense, filha de um reverendo e de uma cantora gospel. Como cresceu em um ambiente musical, aos 10 anos ela passou a cantar na igreja que frequentava e, aos 14, gravou seu primeiro disco gospel.

Ainda assim, Aretha só conquistou a fama em 1967, quando gravou músicas *soul* e R&B. Entre seus maiores sucessos, está a versão da música *Respect*. Como o próprio nome diz, trata-se de um desabafo e um pedido das mulheres, principalmente as negras, por respeito.

Mesmo vivendo em um período em que o preconceito era grande, Aretha conquistou seu espaço e, entre várias premiações, ganhou o título de Rainha do *Soul* e foi a primeira mulher a entrar para o Hall da Fama do Rock.

Obstinada, Aretha Franklin conseguiu mostrar, por meio da sua música, que tinha vindo ao mundo para deixar a sua marca. E ela realmente o fez!

CURIOSIDADES

- Em 1979, Aretha foi homenageada com uma estrela na Calçada da Fama em Hollywood.
- A canção *Respect* foi considerada um hino de liberdade, tornando-se uma importante trilha sonora na luta pelos direitos civis dos negros.

América • Estados Unidos

Billie Jean King

1943

Billie Jean King é uma ex-tenista estadunidense e uma das melhores atletas de todos os tempos. Consagrada nos anos 1970, ela finalizou a carreira em 1982, com 129 títulos e 39 *Grand Slams*, principal evento anual de tênis.

Mais do que se destacar por sua habilidade em um esporte até então dominado por homens, Billie se tornou reconhecida por seu ativismo, uma vez que, ao longo de sua trajetória profissional, defendeu com coragem os direitos humanos, a inclusão das minorias na sociedade e a equidade de gênero.

Durante o seu auge no esporte, em 1974, Billie foi desafiada pelo famoso tenista Bobby Riggs. Mesmo com mais de 50 anos na época, ele alegava ser capaz de derrotá-la no tênis. Diante de 90 milhões de torcedores, King derrotou o tenista por 3 a 0. Com a repercussão, o jogo ficou conhecido como a Batalha dos Sexos. Além disso, ele teve uma grande importância para a história do esporte feminino.

Embora esteja longe das quadras, a luta social de King permanece. Ela segue defendendo os diretos humanos, em especial o direito das mulheres e da comunidade LGBTQIA+. Se há algo que a história, a determinação e a coragem de Billie Jean nos ensinam é que é preciso seguir lutando até chegar aonde se quer!

CURIOSIDADES

- Em 2014, Billie Jean fundou a *Jean King Leadership Initiative*, organização que luta pela igualdade no ambiente corporativo.
- Em 2017, foi lançado o filme *Guerra dos sexos*. Dirigido por Valerie Faris e Jonathan Dayton, o filme conta a trajetória pessoal e profissional da tenista, sua partida com Bobby Riggs e sua luta pelo direto das mulheres.

Tenista
e ativista
da igualdade

América • Estados Unidos

Danica Patrick

1982

Danica Patrick é uma piloto estadunidense conhecida mundialmente por se destacar no automobilismo. Com pai corredor e mãe mecânica, ela praticamente nasceu no mundo das corridas e, com apenas 10 anos, já sabia qual carreira queria seguir.

Aos 17, quando conquistou o segundo lugar na Fórmula Ford, o destino de Danica seguiu novos caminhos, pois ela chamou a atenção de um piloto, campeão das 500 Milhas de Indianápolis, que a levou para a Nascar.

Depois disso, sua trajetória passou a contar com muitas conquistas. Entre elas, estão os títulos de única mulher a vencer uma corrida da Fórmula Indy e o de primeira mulher a conquistar a *pole position* da Nascar.

Atualmente fora das pistas, a piloto abriu caminho para muitas mulheres ao provar que a presença delas no automobilismo não é só uma possibilidade, mas uma realidade!

CURIOSIDADES

- ♥ No total, Danica disputou 116 GPs, conquistando 7 pódios, 3 *poles* e 2 voltas mais rápidas.
- ♥ Em 2005, ela terminou na quarta posição nas 500 Milhas de Indianápolis, o melhor resultado obtido por uma mulher na história da corrida.

América • Estados Unidos

Gladys Mae West

1930

Gladys West é uma matemática e programadora de computadores estadunidense que trouxe uma enorme contribuição para a sociedade. Afinal, ela é a mente por trás de uma das invenções mais usadas no mundo: o GPS.

Quem vê esse grandioso feito nem imagina que a matemática teve de enfrentar muitos desafios para alcançar tão merecido reconhecimento. De família humilde, Gladys cresceu em uma fazenda e, para frequentar a escola, tinha de percorrer um longo trajeto (quase 5 quilômetros) entre matas e rios.

Devido a desafios financeiros, Gladys apenas conseguiu cursar Matemática porque ganhou, merecidamente, uma bolsa de estudos na Universidade de Virgínia. Além disso, para continuar frequentando a faculdade, ela teve que dividir seu tempo entre as aulas e um serviço como babá.

Formada, Gladys passou a lecionar na área e, com seu salário, deu continuidade aos estudos com um mestrado. Finalizado o curso, ingressou como programadora na Marinha dos Estados Unidos, sendo a segunda mulher contratada no local, e um dos quatro funcionários negros da equipe. Ali, a matemática permaneceu por 42 anos.

Se há algo que a trajetória de Gladys pode ensinar a todos é que todo esforço e toda dedicação um dia serão recompensados.

CURIOSIDADES

- ♥ Depois de se aposentar, em 1998, Gladys retomou os estudos e concluiu um doutorado em Administração Pública e Política aos 70 anos de idade.
- ♥ Como reconhecimento por sua dedicação, em 2018 a matemática (já com 88 anos) foi incluída no Hall da Fama dos Pioneiros do Espaço e Mísseis da Força Aérea dos Estados Unidos.

A mente
por trás
do GPS

América • Estados Unidos

HELEN KELLER
1880-1968

Helen Keller foi uma escritora estadunidense. Com menos de 2 anos, contraiu uma grave doença que a deixou cega e surda e, até os 6, tinha uma comunicação limitada. Então, para melhorar seu desenvolvimento, passou a estudar com uma professora que, assim como ela, tinha deficiência visual.

A partir disso, Helen passou "a enxergar" um mundo de possibilidades. Ela aprendeu ortografia por meio da soletração que era feita em sua mão e logo aprendeu a "ouvir", colocando os dedos na garganta, nos lábios e no nariz.

Durante sua trajetória, Helen ainda escreveu uma autobiografia à mão, chamada *A história de minha vida*, e foi a primeira aluna cega/surda a se formar em uma universidade. Como se isso já não fosse o bastante, ela lutou para melhorar a condição das pessoas cegas no seu país e no mundo.

Superação parece ser uma palavra constante na história de Helen, que mostrou ao mundo que, com perseverança, não há nenhum obstáculo que não possa ser vencido.

CURIOSIDADES

- Helen era proficiente em Braille e em linguagem de sinais na palma da mão.
- Movida pelo saber, ela frequentou várias escolas para aprender a falar.

América • Estados Unidos

Jennifer Doudna

1964

Jennifer Doudna é uma bioquímica e bióloga molecular estadunidense. Pesquisadora do *Howard Hughes Medical Institute* desde 1997 e do Laboratório Nacional de Lawrence Berkeley desde 2003, ela se graduou aos 21 anos e obteve PhD na Universidade de Harvard aos 25.

Em 2020, Jennifer conquistou um grande feito. Ao lado da cientista Emmanuelle Charpentier, ela recebeu o Prêmio Nobel de Química pela criação de um método de edição de genoma. A importância desse projeto para a sociedade está em poder contribuir para o desenvolvimento de processos inovadores contra o câncer e outras doenças hereditárias.

Como se já não fosse suficiente trazer valiosos estudos para o campo científico e alcançar uma prestigiada premiação, Jennifer e Emmanuelle conseguiram outro grande feito: é a primeira vez na história que duas mulheres ganharam o Nobel de Química em conjunto.

A atribuição do Nobel para Jennifer, mais do que fazer jus à sua notável contribuição para o meio científico, abre precedentes para novas e futuras cientistas.

CURIOSIDADES

- Em 2015, Jennifer e Emmanuelle receberam o prêmio *Breakthrough Prize in Life Sciences* (Revelação em Ciências da Vida, em tradução livre) pelo método de edição de genoma.
- A ferramenta de edição de genoma (denominada CRISPR/Cas9), desenvolvida pela cientista, é considerada a mais eficiente para reescrever o código genético até agora.

Cientista de destaque

América • Estados Unidos

Jessica Cox

1983

Jessica Cox é uma piloto de avião diferenciada, pois nasceu sem os braços devido a uma patologia. Ainda assim, ela encontrou na família e no esporte uma maneira de superar essa fatalidade.

Quando criança, Jessica começou a praticar *tae kwon do* para canalizar suas conflitantes emoções e se apaixonou tanto pela atividade que conquistou a faixa-preta, o mais alto grau dos alunos no esporte. No início, Jessica teve de usar próteses por indicação dos médicos. Ainda assim, decidiu abandoná-las, pois, para ela, era mais natural fazer tudo com os pés.

Após se formar em Psicologia, descobriu sua paixão pela aviação ao fazer um passeio em um monomotor. Depois de três anos de curso, finalmente conseguiu seu brevê, tornando-se a primeira piloto sem braços licenciada do mundo.

Limitação é algo que Jessica desconhece, pois, como ela mesma disse: "O medo não pode ficar no caminho das oportunidades".

CURIOSIDADES

- Ela detém o recorde mundial por ser a única pessoa do mundo a pilotar um avião com os pés.
- Já viajou para mais de 20 países para dar palestras motivacionais, incentivando pessoas a superarem os obstáculos.

América • Estados Unidos

Katherine Johnson
1918-2020

Katherine Johnson foi uma matemática estadunidense. Já na infância, mostrou grande talento para os números. A jovem prodígio entrou no Ensino Médio com apenas 10 anos e, aos 14, cursou uma universidade. Logo obteve diploma em Francês e Matemática.

A vida de Katherine, porém, não foi nada fácil, pois ela cresceu em um período de segregação racial em que teve de enfrentar muito preconceito, principalmente quando ingressou no Centro de Pesquisas Langley, pertencente à atual NASA.

Inicialmente, ela trabalhou realizando operações matemáticas. Depois, foi designada para ajudar uma equipe de pesquisa de voo. Seu conhecimento em diversas áreas da matemática, especialmente em geometria, fez com que a cientista ganhasse a confiança de toda a sua equipe.

Foi nesse trabalho que Katherine realizou seu maior feito: desenvolveu uma série de cálculos que possibilitou que os astronautas fossem enviados para além da órbita da Terra. Com isso, ela se tornou uma das pessoas mais importantes da história espacial.

CURIOSIDADES

- A cientista calculou as trajetórias do voo espacial que levou o homem até a Lua.
- Para homenagear Katherine, a NASA mudou o nome de uma de suas unidades, localizada na Virgínia, para "Instalação de Pesquisa Computacional Katherine Johnson".

Pioneira do espaço

América • Estados Unidos

MARGARET HAMILTON
1936

Margaret Hamilton é uma matemática que se destacou no universo espacial. Formada na área, ela passou a lecionar Matemática e Francês. Aos 23 anos, porém, teve o primeiro contato com projetos de *software* ao trabalhar no Instituto de Tecnologia de Massachusetts (MIT).

Aos 27, quando participou de mais um projeto do MIT, Margaret desenvolveu um *software* para uma missão lunar da NASA. Foi durante seu trabalho nesse projeto que a profissão de programador começou a se desenhar.

Mesmo convivendo em um ambiente de trabalho majoritariamente masculino, Margaret nunca se incomodou, pois seu foco estava em fazer história nessa área tão pouco explorada. E foi isso que ela fez ao escrever, com seus colegas, o programa de voo que levou o homem até a Lua.

Se pisar na Lua foi um dos maiores acontecimentos da humanidade, ter uma mulher entre os responsáveis por esse feito tornou a conquista ainda maior!

CURIOSIDADES

- Ainda atuando na área da tecnologia, Margaret é a CEO da própria empresa, a Hamilton Technologies, fundada em 1986.
- Pioneira na área, ela foi creditada como a criadora do termo "Engenharia de *Software*".

América • Estados Unidos

Michelle Obama
1964

Michelle Obama é estadunidense e nasceu em uma família de origem humilde. Formada em Sociologia e Direito, passou a trabalhar como estagiária em um escritório de advocacia, onde conheceu seu marido, Barack Obama.

Sua trajetória profissional acumula diversos cargos. Entre eles, está o de reitora dos serviços estudantis da Universidade de Chicago e o de diretora-executiva de negócios externos da mesma universidade.

Casada com Barack desde 1992, a advogada abdicou da carreira para apoiar o marido na campanha para a presidência em 2008. Com a vitória, ela se tornou a única primeira-dama negra da história do país. Nessa posição, Michelle apoiou várias causas, como o combate à obesidade infantil, a promoção dos direitos das mulheres e o combate ao racismo, do qual ela já foi vítima.

Sua força, sua simplicidade e seu carisma conquistaram a admiração da população dos Estados Unidos, tornando-a uma forte candidata à presidência, apesar de Michelle afirmar que não tem o desejo de se candidatar.

CURIOSIDADES

- Em 2018, Michelle lançou o livro *Minha história*, uma autobiografia com o potencial de se tornar uma das obras mais lidas de todos os tempos.
- Ao contrário de muitos políticos, Michelle sempre procurou escrever os próprios discursos.

Política
de respeito

Jornalista destemida e pioneira

América • Estados Unidos

Nellie Bly
1864-1922

Nellie Bly, pseudônimo de Elizabeth Jane Cochran, foi uma jornalista reconhecida por um feito extraordinário. Já com uma carreira de sucesso aos 25 anos, ela embarcou em uma viagem ao redor do mundo, em 1889, com a missão de completar, em menos tempo, o percurso traçado pelo personagem do livro *A volta ao mundo em 80 dias*, do escritor francês Júlio Verne.

Para alcançar tal feito, Nellie teve de percorrer mais de 40 mil quilômetros, cruzando vários continentes, em diferentes meios de transportes, como navio, barco, trem e cavalo.

A fim de superar a marca do personagem de Verne, Nellie queria concluir a viagem em 75 dias. Surpreendentemente, a jovem superou não só a marca do personagem, mas também a própria meta. Ela concluiu o percurso em 72 dias, 6 horas, 11 minutos e 14 segundos, batendo o recorde mundial de circunavegação pelo planeta.

Com a viagem, Nellie ganhou fama mundial. Antes disso, ela já era uma jornalista reconhecida em seu país pela coragem em expor todo tipo de injustiça social em suas reportagens. Foi graças a seu trabalho que ela se tornou pioneira do jornalismo investigativo.

Em uma época e em uma área em que havia espaço apenas para homens, Nellie mostrou que as mulheres podiam ser jornalistas igualmente capazes.

CURIOSIDADES

- A ideia de viajar pelo mundo foi proposta por um famoso jornal da época, o *New York World*. O editor do jornal queria enviar um homem para a missão, mas Nellie o convenceu de que poderia fazer a viagem.
- Nellie ingressou no jornalismo aos 21 anos de idade. Protestando contra um artigo que afirmava que o papel das mulheres era cuidar do lar, Nellie impressionou o editor de um jornal, que decidiu contratá-la.

América • Estados Unidos

Nina Simone

1933-2003

Nina Simone foi uma cantora e pianista estadunidense. Desde criança, a música fazia parte de seus dias, pois, aos 3 anos, já tocava piano na igreja. Ela estudou boa parte da vida para se tornar uma grande pianista, mas quis o destino que a artista alcançasse algo maior.

Então, Nina Simone, a grande pianista e cantora de *jazz* e *blues*, nasceu. Durante sua trajetória, foi vítima de racismo. Quando conseguiu decolar na carreira, gravou muitas canções sobre desigualdade social. Mesmo sendo uma das artistas mais talentosas de seu tempo, continuou sendo alvo de racismo, e seu ativismo nas questões sociais acabou prejudicando sua carreira.

Nina encontrou no palco uma maneira de se libertar de todas as amarras, pois, além de levar a música para as pessoas, ela também levava sua constante luta pela igualdade.

CURIOSIDADES

- Nina Simone foi uma das primeiras mulheres a ingressar na famosa escola de música da Juilliard, em Nova York.
- Em 2015, a Netflix lançou um documentário chamado *What Happened, Miss Simone?* que relata toda a trajetória da cantora.

Um dos maiores nomes da TV

América • Estados Unidos

Oprah Winfrey

1954

Oprah Winfrey é uma empresária e apresentadora de TV estadunidense. Filha de mãe solo, teve uma infância bastante difícil, principalmente por ter sofrido abuso sexual e maus-tratos.

Em consequência disso, Oprah se tornou uma adolescente perturbada, mas sabia que precisava mudar sua vida. Então, voltou seu foco para os estudos e ingressou na faculdade de Comunicação e Artes Cênicas.

Formada, começou a carreira na televisão. Apresentou o programa de entrevistas *People are Talking* e o *The Oprah Winfrey Show*, que foi ao ar por 25 anos. Porém, sua grande realização veio após uma entrevista concedida por Michael Jackson, o que era quase impossível na época.

Embora sua vida tenha sido marcada por muitas dificuldades, Oprah encontrou a força necessária para se reerguer. Sua coragem fez dela um exemplo de superação e uma das mulheres mais influentes da atualidade.

CURIOSIDADES

- De acordo com uma edição da revista *Forbes*, de 2019, Oprah é a única negra entre as 70 mulheres mais poderosas do mundo, ocupando a 20ª posição do *ranking*.
- Em 2011, Oprah foi homenageada com o prêmio Jean Hersholt, um óscar honorário entregue a quem se destaca em causas humanitárias.

América • Estados Unidos

Rosa Parks
1913-2005

Durante toda a sua vida, a estadunidense **Rosa Louise McCauley**, mais conhecida como Rosa Parks, foi uma ativista do movimento pelos direitos civis dos negros. Além de estar totalmente envolvida com os problemas da comunidade, participava de organizações com o marido, Raymond Parks, para ajudar jovens a estudar e a aprender uma profissão.

Rosa passou a ser conhecida quando ousou desobedecer a uma lei do estado do Alabama. Pela regra, as primeiras fileiras dos ônibus eram destinadas às pessoas brancas, e apenas os assentos restantes eram para as pessoas negras, e, se o transporte ficasse cheio, os negros deveriam ceder seus lugares aos brancos. Certo dia, ao vivenciar essa situação, Rosa Parks não achou justo ter de se levantar. E não se levantou!

Por sua desobediência, ela foi presa e ameaçada por muitas pessoas. No entanto, não se intimidou. Sua atitude foi simbólica, a ponto de despertar protestos de pessoas negras em todo o país, como Martin Luther King Jr., tendo um papel essencial para pôr um fim à lei da segregação racial.

CURIOSIDADES

- Rosa Parks trabalhou com o deputado John Conyers em prol da integração étnica.
- Por transgredir a lei, ela perdeu o emprego e não conseguiu trabalho por muito tempo.
- Bill Clinton, quando foi eleito presidente dos Estados Unidos, condecorou Rosa com a medalha de ouro do congresso do país.

Defensora do movimento antirracista

América • Estados Unidos

Ruby Bridges

1954

Ruby Bridges é uma importante ativista que luta desde criança contra a discriminação racial. Em 1960, quando tinha apenas 6 anos de idade, ela se tornou a primeira criança negra a se matricular em uma escola para brancos.

No mesmo ano em que Ruby nasceu, foi decretado o fim da segregação racial, mas a maioria das escolas, assim como muitas famílias afro-americanas, não concordaram e se opuseram à mudança. Foi então que, mesmo a contragosto do marido, a mãe de Ruby decidiu matriculá-la na escola William Frantz, em Nova Orleans.

Desde o primeiro dia de aula, Ruby teve de lidar com uma série de desafios e com a hostilidade de boa parte das pessoas. Por isso, teve de ser escoltada a caminho da escola e estudar em uma sala vazia, pois muitos pais deixaram de enviar seus filhos para as aulas.

Apesar das adversidades, Ruby se manteve na escola e não faltou um único dia. Depois disso, outros alunos negros passaram a frequentar as aulas de forma integrada.

Graças à sua resistência, Ruby teve um papel vital no rompimento das barreiras raciais em seu país. Atualmente, por meio da Fundação Ruby Bridges, fundada em 1999, ela segue promovendo valores de respeito e valorização das diferenças.

CURIOSIDADES

- Em 1990, Ruby lançou o livro *Through My Eyes* (Através do meu olhar, em português). Nele, a ativista conta sua versão do acontecimento que consolidou o fim da segregação racial escolar. Além disso, sua história foi retratada no filme *História de Ruby Bridges*, lançado em 1998.
- Em 2014, Ruby foi homenageada com uma estátua sua no pátio da escola William Frantz, onde estudou.

América • Estados Unidos

Serena Williams

1981

Serena Williams é uma famosa tenista estadunidense. Ela começou a jogar tênis com 3 anos e, aos 14, passou a competir profissionalmente. Desde então, construiu uma carreira repleta de títulos e recordes.

Entre suas principais premiações, estão: número 1 do *ranking*, por mais de 6 vezes, e recordista do torneio *Grand Slam*, na Era Aberta. Além disso, ela ganhou 4 medalhas de ouro em Olimpíadas.

Serena também não mede esforços fora das quadras. Por isso, criou uma fundação para promover o acesso à educação para crianças vítimas de violência. Suas generosas ações a tornaram embaixadora da Boa Vontade do UNICEF, em 2011.

Talento e força de vontade são algumas características que definem essa mulher, que, além de ter deixado sua marca nas quadras, de onde se aposentou em 2022, vem inspirando muitas mulheres a correrem em busca de seus sonhos, dentro e fora do esporte!

CURIOSIDADES

- Em 2008, Serena ajudou a angariar fundos para uma escola no Quênia que, atualmente, leva o seu nome.
- A tenista tem vários livros sobre sua história de vida, sendo alguns de autoria própria, como o *On the Line*.

Rainha das quadras

América • Estados Unidos

Simone Biles

1997

Simone Biles é uma renomada ginasta estadunidense e é a ginasta mais premiada em campeonatos mundiais, com um total de 25 medalhas, sendo 19 de ouro, 3 de prata e 3 de bronze.

Para se tornar um dos grandes nomes da ginástica artística, Biles contou, e ainda conta, com o apoio e incentivo dos avós. Como sua mãe era dependente de álcool e drogas, a jovem foi adotada ainda criança por eles.

Biles demonstrou ter talento para a ginástica desde cedo. Ela foi descoberta aos 8 anos por Aimee Boorman. Totalmente dedicada e focada no esporte, Biles optou por fazer o Ensino Médio em casa. Dessa forma, ela conseguiu aumentar a carga de treinos, o que refletiu em sua *performance*.

Em 2013, vieram os primeiros títulos de Biles. Anos depois, em 2016, ela passou a integrar a seleção dos Estados Unidos, disputando sua primeira Olimpíada, que ocorreu no Rio de Janeiro. Mediante tanta dedicação e persistência, era de se esperar que Biles deixasse sua marca no mundo esportivo.

CURIOSIDADES

- Em 2013, Biles demonstrou um salto inédito que virou sua marca pessoal. Por isso, leva o seu nome: o Biles.
- Em 2021, durante os Jogos Olímpicos de Tóquio, Simone Biles acendeu uma importante discussão: a saúde mental de atletas. Em prol de seu bem-estar, Biles decidiu não participar de algumas provas. Ainda assim, a ginasta conquistou a medalha de prata na prova por equipes feminina e a de bronze na trave.

América • Estados Unidos

Vera Rubin

1928-2016

Vera Rubin foi uma astrônoma estadunidense de grande importância, sendo responsável pela comprovação da existência da matéria escura no universo. Vera descobriu que, nas bordas das galáxias, as matérias giravam no mesmo ritmo que as matérias no centro. Tal constatação contrariou uma das famosas leis de Newton.

Desde criança, Vera dava indícios de que seguiria o caminho da astronomia, pois gostava de observar as estrelas toda noite e até pediu a ajuda de seu pai, um engenheiro elétrico, para construir o próprio telescópio.

Quando se formou em Astronomia, em 1948, Vera era a única estudante mulher da turma. A fim de concluir os estudos na área, cursou mestrado na Universidade de Cornell e doutorado na Universidade de Georgetown. Durante suas pesquisas, levantou importantes constatações sobre a movimentação das galáxias.

Além de trazer grandes contribuições para a comunidade científica, Vera deixou um legado de luta em defesa da liberdade e igualdade na educação. Para a cientista, "em vez de ensinar Física às meninas, deveríamos ensinar a elas, desde cedo, que elas podem aprender tudo aquilo que quiserem".

CURIOSIDADES

- Apesar de suas valiosas contribuições para o universo científico, Vera não foi agraciada com o Prêmio Nobel. Porém, isso não desmotivou a astrônoma. Afinal, segundo ela, "o prêmio de verdade é encontrar algo novo lá fora".
- Antes de entrar para a Universidade de Cornell, Vera havia tentado ingressar no mestrado da Universidade de Princeton. No entanto, ela não foi aceita, pois a universidade não admitia mulheres na época.

Cientista
das
galáxias

América • Estados Unidos

Viola Davis

1965

A atriz estadunidense **Viola Davis** teve uma infância difícil, ao lado dos cinco irmãos, marcada pela pobreza e pelo preconceito. Apesar da dura realidade, Viola sabia desde os 8 anos que queria ser atriz. Foi com essa idade que ela descobriu o amor pelos palcos. Ela conseguiu se formar em teatro e frequentou uma famosa escola de música e artes cênicas em Nova York.

Atualmente, a atriz vem se destacando em diversos filmes de Hollywood e, em suas aparições na mídia, é bastante crítica em relação aos direitos da população negra e ao seu espaço na indústria cinematográfica.

Viola é, com certeza, uma das mais completas atrizes da contemporaneidade, atuando na televisão, no teatro e no cinema. Todo o seu empenho, o seu talento e a sua dedicação foram reconhecidos em diversas premiações nos Estados Unidos e no mundo.

CURIOSIDADES

- A atriz é considerada uma das personalidades mais influentes do mundo e, em 2017, ganhou uma estrela na Calçada da Fama, em Hollywood.
- Viola foi a primeira mulher negra a receber três indicações ao Oscar, vencendo em 2017.
- Ela também é ativista e luta contra a fome, o racismo e o abuso sexual infantil no mundo.

América • México

Frida Kahlo
1907-1954

A pintora mexicana **Magdalena Carmen Frida Kahlo y Calderón** revolucionou a arte em seu tempo. Ela retratou muito da cultura de seu país em numerosos quadros. Durante a infância, Frida contraiu poliomielite, que lhe causou atrofia muscular da perna direita e uma lesão no pé. Aos 18 anos, sofreu um grave acidente e teve a coluna lesionada. Durante a recuperação, foi incentivada pelo pai a pintar.

Ao longo da vida, Frida passou por várias cirurgias, permanecendo longos períodos no hospital. Mesmo nessas ocasiões, continuou pintando, capturando seu sofrimento e sua agonia nas telas.

Anos mais tarde, ela teve de amputar a parte inferior da perna direita, mas, apesar de vivenciar mais esse momento difícil, seguiu expressando seus pensamentos, suas dores e suas paixões por meio da pintura. É atribuída a ela a frase "Pés, para que os quero, se tenho asas para voar?".

Frida Kahlo conseguiu captar a dor real que muitas mulheres de comunidades mexicanas enfrentavam e expressava isso em suas pinturas, dando voz a essas pessoas, que tinham poucos direitos na época.

CURIOSIDADES

- A lesão na coluna impossibilitava Frida de fazer muitas coisas; por isso, na primeira exposição de suas obras de arte, ela chegou ao evento carregada em uma cama.
- A casa em que Frida cresceu, conhecida como Casa Azul, transformou-se em um museu quatro anos após a morte da artista.

Mulher de asas

139

Mulan
da vida
real

Ásia • China

Agnes Chow

1996

Agnes Chow é uma jovem ativista pró-democracia de Hong Kong, figura bastante conhecida pelos chineses por sua luta pela liberdade. Com apenas 23 anos, em agosto de 2020 ela chegou a ser presa junto com outros ativistas por promover protestos contra a nova lei de segurança do país, que declara ser ilegal protestar contra o governo central da China e regional de Hong Kong.

Ativista nata, já na adolescência ela fazia campanhas e protestos. Em 2014, por exemplo, foi figura de destaque no movimento *Umbrella*, que exigia nada mais que o direito ao voto de todos os cidadãos, independentemente de escolaridade, classe, renda, etnia ou sexo.

Em 2016, ela ainda foi cofundadora do grupo em favor da democracia *Demosisto*, com outros dois ativistas. O grupo, porém, teve de ser desfeito por causa da lei de segurança nacional introduzida em Hong Kong.

Grande defensora da liberdade de expressão, Agnes passou a ser conhecida como Mulan e deusa da democracia. Para ela, "não se deve permitir que o desespero e o medo dominem a mente. Por isso, é preciso persistir na luta pela democracia".

CURIOSIDADES

- Por sua atuação no protesto ocorrido em 2020, Agnes foi presa sob suspeita de "conluio com forças estrangeiras" e pegou uma sentença de 10 meses de prisão.
- Em 2020, Agnes entrou para a lista da BBC das 100 mulheres mais influentes e inspiradoras do mundo.

Ásia • China

Qiu Jin

1875-1907

Qiu Jin foi uma revolucionária chinesa, famosa por sua luta contra a dinastia da China. Assim como a maioria das mulheres em seu país, cresceu em um ambiente bastante tradicional. Aos 21 anos, Qiu foi obrigada a se casar; porém, como era dona de um espírito livre e leitora assídua da literatura feminista, decidiu seguir o próprio caminho.

Com isso, Qiu abandonou seu casamento e fugiu para o Japão. Nessa nova fase da vida, ingressou em diversas sociedades secretas, a fim de derrubar o governo chinês, e estudou artes marciais.

Como era uma admiradora de Huan Mulan, uma lendária guerreira chinesa, Qiu passou a se vestir como homem e espalhar, por meio de poesias e ensaios, seus ideais a respeito do verdadeiro papel da mulher na sociedade.

Em sua luta pela igualdade, Qiu desafiou os padrões de uma sociedade completamente patriarcal, tornando-se a primeira feminista da China.

CURIOSIDADES

- ♥ Assim como muitas outras personalidades, Qiu Jin foi presa e executada pelo crime de escrever dois poemas revolucionários.
- ♥ Em 2009, foi lançado um documentário chamado *Autumn Gem* que relata a trajetória de Qiu.

Mulan
dos dias
modernos

Ásia • Emirados Árabes

Sarah al-Amiri

1987

    Sarah al-Amiri é uma jovem cientista nascida nos Emirados Árabes que ganhou repercussão recentemente por comandar a missão que enviou para Marte, em 2020, o primeiro veículo espacial de procedência árabe. Tal missão, que é denominada *al-Amal* ou *Hope* (esperança, em português), visa coletar informações sobre o planeta vermelho em um período de 2 anos.

    Graduada em Engenharia da Computação em 2008, Sarah passou a trabalhar como engenheira de programas no Instituto de Ciências e Tecnologia Avançada dos Emirados Árabes Unidos. Nele, fez parte da equipe que criou os primeiros satélites do país.

    Em 2014, Sarah concluiu um mestrado em Ciências da Computação e, em 2016, tornou-se chefe do Conselho de Ciência dos Emirados. Além disso, no ano seguinte, passou a liderar a equipe responsável pelas missões espaciais.

    Em 2021, quando tinha 33 anos, Sarah foi ministra do Instituto de Ciências Avançadas e presidenta da Agência Espacial dos Emirados Árabes. Sob sua liderança, o país árabe vem ganhando seu espaço junto ao seleto grupo de países que possuem conquistas espaciais.

CURIOSIDADES

- Al-Amiri é considerada um dos ministros mais jovens do mundo e a pessoa mais jovem a liderar uma agência espacial.
- Por sua posição de destaque no país, ela possui o título de "Sua Excelência".

Ásia · Índia

Indira Gandhi
1917-1984

Indira Gandhi foi uma política indiana. Como sempre esteve cercada por ideais políticos, já que seu pai atuava na área, ela herdou a vocação e o desejo de servir seu país.

Após frequentar colégios na Índia, Suíça e Inglaterra, onde estudou Administração Pública, História e Antropologia, Indira passou a atuar como "braço direito" de seu pai, que era primeiro-ministro da Índia. Entretanto, após a morte dele, ela foi eleita para o mesmo cargo, tornando-se a primeira mulher a assumir um posto de chefe de governo no país.

Em sua atuação, Indira tomou uma série de medidas que resultaram no aumento da produção de alimentos, no crescimento dos setores industriais e na fabricação de bombas atômicas.

Por causa de suas decisões políticas, Indira acabou ganhando muitos inimigos, até mesmo entre seus próprios aliados. Isso porque poucos conseguiram o que ela fez: governar um país superpopuloso em momentos de tensão e conflito.

CURIOSIDADES

- Indira promoveu campanhas para tentar erradicar a corrupção e a miséria, causadas pelo rápido e desorganizado crescimento populacional.
- Foi eleita primeira-ministra duas vezes: de 1966 a 1977 e, mais tarde, em 1980, até ser assassinada, em 1984.

Dama
de ferro
indiana

Pioneira da botânica

Ásia · Índia

Janaki Ammal
1897-1984

Janaki Ammal foi uma botânica e citogeneticista indiana, a primeira a estudar o universo das plantas em seu país. Nascida e criada em uma sociedade conservadora e patriarcal, Janaki teve a coragem de seguir o caminho do estudo em vez do casamento, como era esperado.

Após renunciar a um casamento arranjado pela família, Janaki se formou em Botânica com honras na *Presidency College*. Surpreendentemente, na época em que ingressou na faculdade, em 1913, a taxa de alfabetização de mulheres em seu país não ultrapassava 1%.

Graduada, a botânica, mediante uma bolsa de estudos, mudou-se para os Estados Unidos para estudar na Universidade de Michigan, onde realizou mestrado e doutorado.

Com fortes contribuições para a área da botânica, Janaki trabalhou com plantas medicinais e desenvolveu, usando cruzamentos genéticos, uma espécie de cana-de-açúcar mais adocicada e adaptada ao clima quente da Índia. Com isso, ela trouxe mais autonomia ao país na produção de açúcar.

Como uma das poucas mulheres de seu país a conseguir se livrar das amarras de uma sociedade patriarcal, Janaki conquistou o feito que tanto almejava: ser lembrada pelo seu trabalho!

CURIOSIDADES

- Em 1931, quando finalizou o doutorado, Janaki Ammal se tornou a primeira indiana a receber um diploma em Botânica nos Estados Unidos.
- Janaki foi uma grande ativista ambiental. Em 1970, por exemplo, ela usou sua influência para impedir que o governo indiano construísse uma hidrelétrica em determinado local, que resultaria na destruição de 8,3 km² de floresta tropical.

Ásia · Índia

Sampat Pal Devi
1960

Sampat Pal Devi é uma líder ativista indiana pertencente à casta *dalit*, considerada a mais baixa na Índia. Ela cresceu em um ambiente onde, por ser mulher, não podia falar alto, sentar-se com pessoas de outras castas nem desobedecer ao marido ou aos pais. Entretanto, inconformada com sua realidade, decidiu enfrentar essa situação.

Desde os 20 anos, Sampat passou a combater a violência contra a mulher e a corrupção. Para isso, fundou um grupo chamado Gangue Rosa, formado por mulheres trajando um sári rosa (roupa feminina tradicional na Índia) e usando um cajado.

Atualmente, Sampat é seguida por mais de 40 mil pessoas, quase todas do sexo feminino, e vem sendo constantemente procurada por muitas mulheres que já não aguentam sofrer violência e discriminação.

Suas medidas nem sempre são as mais pacíficas, pois, quando se trata de lutar pela proteção e pelos direitos das mulheres, a ativista não se importa de usar as próprias mãos.

CURIOSIDADES

♥ A Índia foi eleita pela Fundação Reuters como o quarto pior país para as mulheres viverem.

♥ Alguns homens também se aliaram à Gangue e discutem temas como casamento infantil, mortes vinculadas a dotes e desvio de verbas em obras do governo.

Ativista justiceira

Embaixadora da educação

Ásia • Paquistão

Malala Yousafzai
1997

Malala Yousafzai é uma ativista paquistanesa. Desde pequena, ainda que os costumes fossem diferentes na cultura em que cresceu, Malala foi incentivada por seu pai a estudar. Assim, ela criou gosto pelo conhecimento e pelos estudos e, em certo momento, começou a frequentar a escola de seu pai.

Desafiando a organização extremista Talibã, Malala não só frequentava a escola, mas também defendia esse direito para todas as mulheres. Com 12 anos, começou a escrever um *blog* sobre o assunto, para combater a injustiça. Aos 15, quando a organização descobriu sua identidade, Malala sofreu um atentado.

Apesar da violência, ela encontrou outras maneiras de continuar incentivando a educação em seu país, principalmente para as meninas. Desde então, a jovem ficou ainda mais conhecida ao discursar na ONU (organização internacional que reúne países do mundo todo para buscar a paz e o desenvolvimento mundial) e defender a educação como o caminho para a transformação do mundo.

CURIOSIDADES

- Em 2013, Malala foi considerada uma das 100 pessoas mais influentes do mundo pela revista *Time*, dos Estados Unidos.
- Com apenas 17 anos, ela foi a pessoa mais jovem a receber o Prêmio Nobel da Paz.
- O livro *Eu sou Malala*, escrito pela própria ativista, foi proibido nas escolas do Paquistão por causa do seu conteúdo.

Europa • Alemanha

Anne Frank
1929-1945

A jovem alemã **Annelies Marie Frank** viveu durante o período que abrangeu a Segunda Guerra Mundial, passando por momentos difíceis. Apesar disso, ela conseguiu encontrar um jeito de se distanciar da tragédia que vivia, relatando em seu diário a rotina de refugiada de guerra.

Anne era judia e, naquela época, o povo judeu era perseguido pelo governo de Adolf Hitler. A menina e sua família conseguiram se abrigar em Amsterdã, capital da Holanda, onde viveram até serem encontrados pelo regime nazista, pouco antes do fim da guerra. As más condições dos campos de concentração causaram a morte de Anne, de sua irmã e de sua mãe.

O pai de Anne, único sobrevivente da família, encontrou uma maneira de fazer a voz da menina ecoar pelo mundo, publicando o diário da filha em forma de livro – *O Diário de Anne Frank*. Essa triste história ficou conhecida mundialmente e se transformou em peças de teatro e filmes.

Os relatos de Anne são uma comprovação de todos os males que a guerra pode trazer e mostram por que ela deve ser evitada a qualquer custo!

CURIOSIDADES

- A casa onde Anne Frank morou em Amsterdã abriga um museu em sua memória.
- O esconderijo de Anne e sua família ficava em um anexo secreto na empresa de seu pai.
- Anne Frank ganhou seu diário, que na verdade era um livro de autógrafos, no seu aniversário de 13 anos.

Jovem escritora

Revolucionária do esporte

Europa • Alemanha

Kathrine Switzer
1947

Kathrine Switzer é uma famosa maratonista alemã. Filha de um coronel, ela cresceu com um espírito esportivo. Assim, com apenas 12 anos, deu início à sua vida de corredora, dando voltas no quarteirão de casa.

Aos 20 anos, enquanto cursava Jornalismo, Kathrine realizou uma grande façanha: tornou-se a primeira mulher a correr oficialmente uma prova de longa distância. A atleta entrou na maratona, realizada em Boston, com o nome de K. V. Switzer, o que confundiu os organizadores do evento, que pensaram tratar-se de um corredor do sexo masculino.

Quando Kathrine foi descoberta, um dos membros da organização tentou tirá-la da competição, mas ela foi até o fim e completou os 42 quilômetros. A partir desse momento, a corrida passou a ser uma carreira para ela.

Como maratonista, Kathrine revolucionou não só o esporte, como a vida de muitas mulheres que, assim como ela, descobriram sua vocação para a corrida.

CURIOSIDADES

- Cinquenta anos após a maratona que marcou sua vida, Kathrine correu a mesma competição mais uma vez.
- A maratonista fundou uma ONG chamada 261 Fearless (ou 261 Destemida), para promover diversas corridas. O número é o mesmo que ela usou na famosa Maratona de Boston.

Europa • Alemanha

Olga Benário Prestes
1908-1942

Olga Benário foi uma militante comunista alemã. Com apenas 15 anos, ela se juntou a uma organização juvenil do Partido Comunista Alemão, visando acabar com a desigualdade e as injustiças sociais.

Considerada traidora da pátria, Olga fugiu para Moscou, onde aprofundou seus conhecimentos sobre marxismo e recebeu treinamento militar. Lá, recebeu a missão de levar Luís Carlos Prestes ao Brasil em segurança. Ele era um importante líder brasileiro e queria lutar contra o governo e acabar com a extrema pobreza de seu país. Nessa ocasião, os dois aproximaram-se, casaram-se, e Olga assumiu o sobrenome de Prestes.

Lutando ao lado do marido, Olga acabou sendo presa no Brasil e foi deportada. Passando por vários campos de concentração, ela enfrentou frio, fome, interrogatórios constantes e torturas físicas.

O destino de Olga foi selado em 1942. Embora tenham tentado silenciá-la, sua voz continua ecoando, uma vez que sua bravura a tornou uma das principais revolucionárias da história.

CURIOSIDADES

- Por ser judia e por sua posição política, Olga foi executada em uma câmara de gás.
- Olga foi deportada mesmo estando grávida de uma criança com pai brasileiro.

Militante da justiça

Europa • França

Coco Chanel
1883-1971

Gabrielle Bonheur Chanel foi uma estilista francesa, nascida em uma família de origem humilde. Órfã de mãe, passou sua infância em um orfanato. Ao sair do colégio interno, trabalhou como balconista e cantora em casas de *show*, onde ganhou o nome Coco.

Coco se voltou de fato para a área da moda quando conseguiu abrir sua primeira loja, uma chapelaria que, rapidamente, expandiu-se. Como frequentava os eventos da alta classe, logo se tornou uma grande especialista em moda e, nos anos 1920, consagrou-se uma *designer* influente, famosa pelas roupas elegantes que quebravam paradigmas, pois eram inspiradas no guarda-roupa masculino. Entre suas criações, está a calça feminina.

Com seu estilo ousado, Coco construiu um grande império e, até hoje, sua marca é referência em todo o mundo.

Dona de uma personalidade forte, a estilista revolucionou não apenas a moda feminina, mas também os costumes da época, o que a tornou uma das mulheres mais influentes da história.

CURIOSIDADES

- Seu *tailleur* (saia e paletó) ainda é referência no mundo, assim como o famoso "pretinho básico" lançado por ela.
- Em 1922, Coco criou o perfume Chanel Nº 5, sendo a primeira estilista na história a lançar uma fragrância com seu nome.

Europa • França

FRANÇOISE BARRÉ-SINOUSSI
1947

Françoise Barré-Sinoussi é uma importante virologista francesa e principal responsável pela descoberta do vírus causador da aids. Sua trajetória acadêmica reúne graduação em Bioquímica, doutorado em Virologia e pós-doutorado em Retrovirologia.

Desde 1975, a cientista atua no famoso Instituto Pasteur de Paris, local onde diversas descobertas importantes foram realizadas. Iniciou como investigadora assistente, passou para o cargo de professora e, finalmente, tornou-se a diretora de investigação do instituto.

Françoise, ao lado de outro colega cientista, descobriu, em 1983, o retrovírus HIV, o vírus que provoca a aids, e, desde a descoberta, ela vem estudando condições de prevenção e tratamento da doença, assim como a cura.

Para aqueles que querem seguir no ramo da ciência, Françoise tem uma valiosa recomendação: "Se você quiser ser um cientista para tentar trazer algo importante para a sociedade e ajudar as pessoas, então vá em frente".

CURIOSIDADES

- Em 2008, Françoise recebeu, com mais dois colegas cientistas, um dos prêmios mais prestigiados de todos, o Nobel de Medicina, justamente por sua pesquisa que foi essencial para a compreensão da aids e a elaboração de tratamentos.
- A virologista é autora e coautora de mais de 200 publicações. Além disso, recebeu diversas premiações por seu trabalho.

Cientista de peso

Botânica destemida

Europa • França

Jeanne Baret

1740-1807

Jeanne Baret foi uma botânica francesa que ficou conhecida como a primeira mulher a dar a volta ao mundo em uma embarcação. O mais surpreendente é que, para isso, ela teve de se disfarçar de homem e adotar o nome de Jean Baret.

Filha de camponeses, Jeanne era de origem humilde. Desde pequena, ela aprendeu com os pais sobre as plantas e suas propriedades curativas. Tal conhecimento a tornou uma especialista em botânica medicinal.

Após perder os pais, Jeanne deixou o campo e passou a trabalhar como tutora do filho de um botânico, com quem teve um relacionamento e aprendeu ainda mais sobre o universo das plantas. Com o interesse em comum, ambos passaram a viajar pelo mundo para estudar e descobrir novas espécies de plantas.

Uma das viagens mais marcantes de Jeanne ocorreu em 1766. Na época, como as mulheres não podiam viajar em navios da Marinha Francesa, Jeanne não viu alternativa a não ser se vestir de homem para participar de uma expedição comandada pelo governo de seu país.

Jeanne conseguiu manter o disfarce por dois anos e, quando foi descoberta, não sofreu nenhuma punição. Afinal, ela mostrou um desempenho muito acima dos demais membros da tripulação e trouxe notáveis contribuições para a pesquisa botânica.

CURIOSIDADES

- Entre as descobertas de Jeanne está a planta *Bougainvillea brasiliensis*, uma trepadeira nativa da América do Sul.
- Jeanne recebeu algumas homenagens póstumas. Uma flor foi batizada com seu sobrenome (*Solanum baretiae*) e, em 2010, foi publicado o livro *O segredo de Jeanne Baret*.

Europa • França

Joana D'Arc

1412-1431

Na adolescência, **Joana D'Arc** afirmava ouvir a voz de um anjo, que lhe incumbia de ajudar a libertar a França do domínio da Inglaterra e de trazer ao trono o verdadeiro rei.

Para conseguir esse feito, Joana convenceu todos de suas intenções, sendo nomeada chefe de guerra. Ela ganhou inúmeras batalhas durante uma disputa que ficou conhecida como a Guerra dos Cem Anos. A heroína cumpriu muitas missões e coroou o rei Carlos VII, até ser capturada por soldados ingleses. Joana foi acusada de heresia por um bispo corrupto, que recebera grande quantia para tal ação, e condenada à morte na fogueira pela Inquisição.

Anos depois, após o fim da guerra, um inquérito judicial realizado por ordem do rei concluiu que Joana era inocente. Assim, sua coragem foi reconhecida, e as acusações contra ela, dissolvidas.

CURIOSIDADES

- ♥ Apesar de ter sido acusada de heresia, Joana D'Arc foi absolvida séculos mais tarde, quando sua história foi revisitada.
- ♥ Em 1909, a heroína foi beatificada pelo papa São Pio X e, em 1920, foi canonizada pelo papa Bento XV.

Heroína francesa

Europa • Grécia

HIPÁTIA DE ALEXANDRIA
c. 370 d.C. – 415 d.C.

Hipátia foi uma filósofa e matemática grega. Criada em um ambiente repleto de ideias e pensamentos, tinha uma forte curiosidade sobre o desconhecido. Por isso, assim como seu pai, dedicou sua vida à pesquisa. Ela estudou na Academia de Alexandria e em uma escola neoplatônica de Atenas. Com o tempo, e devido ao domínio das mais diversas áreas do conhecimento, ultrapassou as conquistas de seu pai.

Depois de formada, Hipátia passou a lecionar na Academia de Alexandria e, pouco depois, alcançou o posto de diretora. Ao longo dos anos, escreveu várias obras e ganhou popularidade por resolver questões matemáticas de cientistas que buscavam sua ajuda.

Hipátia trouxe muitas contribuições para a literatura e a ciência, destacando-se entre os filósofos de sua época. Dotada de grande conhecimento, a matemática conquistou o respeito de muitos estudiosos e, até hoje, é alvo de pesquisa e admiração.

CURIOSIDADES

- Vítima da intolerância, Hipátia foi assassinada por ter sido acusada de criar um conflito entre duas figuras importantes em Alexandria: o prefeito e o bispo.
- Hipátia foi a primeira mulher documentada como matemática.

Europa • Inglaterra

Ada Lovelace
1815-1852

Augusta Ada Byron King, a Condessa de Lovelace, era britânica. Influenciada pela mãe, Ada se interessou, ainda criança, pelo estudo dos números e deu sinais de que se tornaria uma mente brilhante. Contudo, a mãe não esperava que a filha criaria os primeiros códigos de programação, uma série de comandos e instruções para colocar um computador em funcionamento.

Ao trabalhar com o inventor Charles Babbage, idealizador do computador, Ada traduziu e melhorou os estudos do colega. Com isso, ela não apenas ajudou a desenvolver a primeira máquina de cálculo, como criou o primeiro algoritmo de computador. Porém, mesmo com sua genialidade, Ada nunca pôde ingressar em uma faculdade, pois, na época, as mulheres eram proibidas de frequentar universidades.

Em homenagem à programadora, na segunda terça-feira de outubro, comemora-se o Dia de Ada Lovelace, para inspirar as mulheres e também mostrar as conquistas femininas na área de tecnologia.

CURIOSIDADES

- A linguagem de programação "Ada" é uma homenagem a Ada Lovelace.
- Ao criar o primeiro algoritmo para ser processado em uma máquina, Ada Lovelace ajudou Charles Babbage a aprimorar a máquina diferencial, chegando à máquina analítica, reconhecida como o primeiro modelo de computador.

Poeta da Matemática

Fenômeno dos romances policiais

Europa • Inglaterra

Agatha Christie
1890-1976

Agatha Christie foi uma escritora inglesa e um dos principais nomes do romance policial. Desde criança, ela gostava de passar o tempo escrevendo contos e poesias, mas foi apenas aos 27 anos que escreveu sua primeira trama policial, *O misterioso caso de Styles*, tendo como motivação um desafio feito por sua irmã.

Depois disso, passou a escrever muitos outros romances. Entretanto, apenas em 1926, com 36 anos, ao publicar a obra *O assassinato de Roger Ackroyd*, a escritora se tornou reconhecida mundialmente.

Educada fora da escola por decisão dos pais, Agatha não se prendia às convenções. Além de ter se casado mais de uma vez, o que era incomum na época, fez muitas viagens ao Oriente, cujos cenários serviram de inspiração para suas obras.

Mesmo após sua morte, Agatha continua conquistando leitores de todo o mundo, o que comprova que ela sempre foi uma escritora muito além de seu tempo!

CURIOSIDADES

- Entre seus personagens principais, está o detetive Hercule Poirot, quase tão famoso quanto Sherlock Holmes.
- Seus romances estão entre os mais traduzidos e publicados no mundo, e muitos deles foram adaptados para o cinema e para a TV.

Europa • Inglaterra

Emma Watson

1990

Emma Watson é uma atriz britânica, formada em Literatura Inglesa e considerada uma das mulheres mais influentes da atualidade. Emma ganhou reconhecimento aos 9 anos, após interpretar a personagem Hermione na famosa saga *Harry Potter*. Desde então, vem se mantendo na indústria cinematográfica.

Além de se destacar no cinema, ela vem chamando a atenção por suas ávidas campanhas em prol da igualdade de gênero e, em seus discursos, sempre enfatiza a necessidade de todos se juntarem a essa luta.

Como resultado de suas ações, aos 24 anos a atriz se tornou embaixadora da Boa Vontade da ONU. Hoje, aos 30, ela divide seu tempo entre o cinema, suas campanhas ativistas e os estudos.

Emma foi além da personagem que ganhou o mundo, tornando-se um ícone para todas as mulheres que lutam pelo direito de serem vistas como realmente são: iguais!

CURIOSIDADES

- Emma espalhou nas estações de Londres 100 exemplares de um livro feminista, *Mom & Me & Mom*, como forma de incentivar a leitura da obra e sua temática.
- Em 2009, ela entrou para o *Livro dos Recordes* como a atriz mais rentável da década, por causa de sua atuação na saga *Harry Potter*.

Símbolo de sororidade

Maior escritora da atualidade

Europa • Inglaterra

J. K. Rowling

1965

Joanne Kathleen Rowling é uma escritora britânica conhecida mundialmente pela famosa saga *Harry Potter*. Como cresceu em uma casa repleta de livros, tinha o desejo de ser escritora desde criança. Ela estudou Línguas Clássicas e Literatura Francesa e, em meio à sua trajetória literária, atuou como pesquisadora e professora.

O que ninguém imagina é que Rowling, antes de alcançar o sucesso, teve de vencer muitas barreiras. Além de ter sido vítima de um relacionamento abusivo e de ter ficado um bom período sem emprego, ela precisou lidar com a depressão.

O rumo da escritora mudou com a publicação de *Harry Potter e a pedra filosofal*, primeiro livro da saga, em 1997. Depois disso, mais 6 títulos passaram a compor a coleção, alcançando o mesmo sucesso do primeiro, levando Rowling a outro patamar.

Rowling é um exemplo de persistência, pois encontrou, nos momentos mais difíceis, a oportunidade de reconstruir sua vida.

CURIOSIDADES

- A escritora começou a escrever *Harry Potter* durante uma viagem de trem entre Manchester e King's Cross.
- Ela foi eleita pela Enciclopédia Britânica uma das 300 mulheres que mudaram o mundo.

Europa • Inglaterra

Mary Shelley
1797-1851

A escritora britânica **Mary Wollstonecraft Shelley** teve uma infância difícil, pois sua mãe morreu dias após seu nascimento. Apesar disso, Mary seguiu em frente, com um profundo desejo de se tornar uma grande escritora. Além de se dedicar à escrita, ela era entusiasta das produções poéticas de Percy Bysshe Shelley, com quem se casou e teve um filho.

Mary se destacou como a primeira escritora de ficção científica da história, por causa de sua obra-prima *Frankenstein* (1818), também conhecida como *O Prometeu moderno*. Além dessa obra, ela escreveu muitos livros com temática feminista, nos quais questionou o modo como a sociedade funcionava e o papel da mulher nela.

Suas teorias e pensamentos têm muita influência de seus pais, também escritores, cujas ideias eram contrárias à época, embora Mary não tenha conhecido a mãe, pioneira do movimento feminista e inspiração para sua produção literária.

CURIOSIDADES

- A obra *Frankenstein* é tão famosa que já foi adaptada para o teatro e o cinema inúmeras vezes.
- Mary escreveu *Frankenstein* depois de ter sido desafiada pelo poeta Lord Byron a escrever uma história sobre o princípio da vida.

Primeira escritora de ficção científica da história

Monarca do povo

Europa • Inglaterra

Princesa Diana
1961-1997

Princesa Diana era inglesa e filha de aristocratas. Desde criança, participava da vida da família real britânica. Desse convívio, resultou sua união com um dos membros da realeza: o príncipe Charles. Assim, a princesa obteve o título de "sua alteza real".

Dona de uma personalidade forte, ela não costumava seguir os protocolos reais e, ao contrário do que se espera da vida de um membro da realeza, a sua foi bastante conturbada, em razão do assédio constante da imprensa e do seu casamento cheio de conflitos.

Ainda que tivesse de lidar com os próprios problemas, a princesa sempre se preocupou com o próximo. Por isso, além de ajudar diversas instituições de caridade, ela realizou muitas campanhas para banir minas terrestres em áreas de conflito e para tratar o vírus HIV, causador da aids.

Por seu jeito transgressor ou pela sua bondade, a princesa Diana, conhecida como a princesa do povo, tornou-se uma figura muito importante para os britânicos.

CURIOSIDADES

- No processo de divórcio com o príncipe Charles, Diana revelou que teve depressão e que sofria de bulimia, doenças que eram tratadas como verdadeiros tabus.
- Mesmo após sua morte, seus trabalhos filantrópicos continuam por meio do Fundo da Princesa de Gales.

Europa • Inglaterra

Rainha Elizabeth II
1926-2022

Rainha Elizabeth II foi uma monarca britânica. De família nobre, teve uma cuidadosa educação. Com 10 anos, tornou-se a primeira na linha sucessória ao trono e, durante o governo de seu pai, passou a representá-lo em diversos compromissos oficiais. Com a morte do rei, em 1952, Elizabeth assumiu o trono, quando tinha 25 anos.

Durante todo o seu reinado, a rainha seguiu corretamente os protocolos reais para representar seu povo com responsabilidade. Além de governar todo o Reino Unido, ela reinou sobre os países da Comunidade de Nações que inclui, entre outros, Austrália, Canadá, Jamaica e Nova Zelândia. Em sua atuação, ela se tornou madrinha de mais de 500 entidades filantrópicas.

O segredo para governar durante tantos anos apenas a rainha podia dizer, mas é fato que ela precisou de muita coragem para abrir mão da sua liberdade em detrimento do seu dever para com o povo. Talvez seja por isso que ela se tornou uma das monarcas mais respeitadas pelo povo britânico.

CURIOSIDADES

- A rainha Elizabeth II foi a primeira monarca britânica a permanecer tanto tempo no trono. Em 2017, completou 65 anos de reinado, comemorando o Jubileu de Safira.
- Durante a Segunda Guerra, Elizabeth serviu o exército britânico como segunda-tenente e trabalhou como mecânica.

Exemplo de nobreza

Descobridora do DNA

Europa • Inglaterra

Rosalind Franklin
1920-1958

Rosalind Franklin foi uma importante química britânica. Formada em Ciências da Natureza em 1941 pela *Newnham College,* faculdade associada da Universidade de Cambridge, ela ainda obteve PhD com uma pesquisa sobre o carvão, material de muita relevância durante a Segunda Guerra Mundial.

Após analisar as moléculas de vários materiais, como carvão e grafite, Rosalind concentrou seus esforços no estudo do RNA, o que resultou na descoberta da estrutura do DNA, isto é, em seu formato de dupla hélice.

Apesar de ter feito essa descoberta em 1951, Rosalind não foi creditada na época. Isso porque, antes que pudesse registrá-la, cientistas que trabalhavam no mesmo laboratório que Rosalind (*King's College Medical Research Council*) afirmaram ter realizado tal feito.

A essencial contribuição da química para a descoberta da estrutura do DNA só veio à tona quando o bioquímico James Watson admitiu em sua autobiografia, intitulada *A dupla hélice: como descobri a estrutura do DNA* (1968), ter usado as pesquisas de Rosalind, que, aliás, renderam-lhe o Nobel de Medicina em 1962.

A trajetória de vida de Rosalind foi relativamente breve, mas isso não a impediu de marcar seu nome na ciência mediante uma valiosa contribuição.

CURIOSIDADES

- Em 2015, estreou uma peça em Londres denominada *Photograph 51*. Protagonizada por Nicole Kidman, a peça tinha como finalidade evidenciar a contribuição de Rosalind para a descoberta da dupla hélice do DNA.
- Rosalind não pôde contribuir ainda mais com suas pesquisas por ter falecido muito jovem, aos 37 anos, vítima de câncer de ovário.

Europa • Itália

Maria Montessori
1870-1952

Maria Montessori foi uma educadora italiana cujo método de ensino ganhou o mundo. Seu interesse na área surgiu depois que ela terminou a faculdade, contrariando seu pai e a sociedade, ao se tornar a primeira mulher a ingressar em um curso de Medicina em toda a Itália. Vencido esse desafio, ela decidiu estudar Psiquiatria.

A partir desse momento, Maria passou a defender a ideia de que o problema no desenvolvimento de muitas crianças era de origem pedagógica. Buscando um respaldo para suas ideias, cursou Pedagogia, Antropologia e Psicologia.

Após um profundo trabalho com crianças, fundou várias escolas que usavam um método diferente de ensino, que consistia em oferecer um aprendizado intuitivo e integral à criança, com foco na sua vivência, no seu contato com a natureza e nas suas habilidades.

Os estudos de Montessori foram de grande contribuição para a educação infantil, pois ela mostrou o desenvolvimento da criança sob uma nova perspectiva: a humanista!

CURIOSIDADES

- Muitas celebridades passaram por escolas de métodos montessorianos, como é o caso dos fundadores do Google, da Amazon e do Facebook.
- A educadora escreveu uma série de livros sobre seu método, e sua maior obra foi publicada no Brasil com o título *A descoberta da criança: pedagogia científica*.

Revolucionária do ensino

Revolucionária pacifista

Europa • Polônia

Rosa Luxemburgo
1871-1919

Rosa Luxemburgo foi uma revolucionária polonesa, nascida em uma família de origem judia. Vivendo em uma época em que seu país estava sob domínio da Rússia, ela foi atraída pelo desejo de lutar contra os regimes repressivos.

Aos 19 anos, devido a uma perseguição política, teve de se refugiar na Suíça. Lá, ingressou na universidade onde estudou Direito e Economia Política. Depois, dirigiu-se à Alemanha, seu principal campo de ação.

Rosa fundou vários partidos socialistas, bem como a Liga Espartaquista, grupo que defendia uma política antimilitarista. Para ela, o socialismo, ideologia que defende uma sociedade sem classes, era o caminho para o fim da opressão. Mas, segundo suas crenças, isso só seria possível por meio da revolução do povo.

Movida por um ideal, Rosa sempre lutou pelas causas em que acreditava, ainda que para isso tivesse de dar a própria vida.

CURIOSIDADES

- Rosa foi assassinada depois de ter fundado, com outros membros da associação, o Partido Comunista Alemão.
- Ela escreveu várias obras sobre a economia capitalista e a participação do proletariado no sistema político.

Europa • Polônia/França

Marie Curie
1867-1934

Marie Curie foi uma cientista polonesa, filha de professores. Como cresceu em um ambiente voltado para o estudo, sempre se interessou pela busca do conhecimento. Vivendo em uma época e em um país em que a mulher não tinha acesso à educação formal, Marie teve de encontrar outras maneiras de seguir a área acadêmica. Para isso, mudou-se para a França, onde cursou Física e Matemática.

Em meio ao universo científico, Marie, juntamente com seu marido, descobriu dois elementos químicos: o polônio e o rádio. Em seguida, ela criou o radiógrafo, um equipamento de radiografia que foi usado durante a Primeira Guerra Mundial.

Com suas fantásticas descobertas, Marie conseguiu um grande feito: tornou-se a primeira pessoa, e única mulher até hoje, a receber o Prêmio Nobel duas vezes, um de Física e o outro de Química.

Conviver em uma sociedade conservadora não intimidou Marie, que, mesmo diante do preconceito, tornou-se um dos grandes nomes da ciência.

CURIOSIDADES

- Vários hospitais e centros levam o nome de Marie, como o "Instituto Curie", que auxilia na formação de novos cientistas todos os anos.
- O elemento químico Cúrio (Cm), de número atômico 96, descoberto em 1944, foi batizado assim em homenagem a Marie e a seu marido.

Grande nome da ciência

Uma engenheira histórica

Europa • Romênia

Elisa Leonida Zamfirescu
1887-1973

Elisa Leonida Zamfirescu é uma engenheira impossível de ser esquecida. Afinal, ela foi uma das primeiras engenheiras do mundo, título que ganhou após sua formação na área, em 1912.

Logo que terminou a educação básica, Elisa tentou ingressar em uma universidade em Bucareste, capital onde nasceu, mas foi rejeitada por questões sexistas. Então, ela se mudou para Berlim e se graduou na área que tanto almejava, apesar do preconceito por sua condição de mulher.

Ao longo da vida profissional, a engenheira se dedicou à análise de minerais e substâncias, como carvão e petróleo, implementando técnicas e métodos inovadores. Para isso, ela integrou o Instituto Geológico da Romênia como assistente e, posteriormente, como diretora.

Apaixonada por seu trabalho, Elisa conservou-se ativa até depois de se aposentar, mantendo-se nos laboratórios e na docência até os 75 anos de idade.

Com perseverança, determinação e brilhantes qualificações, Elisa derrubou o preconceito e a discriminação em torno do papel da mulher na ciência.

CURIOSIDADES

- Pela importância de Elisa para a Romênia, seu país natal a homenageou colocando seu nome na rua onde nasceu.
- Em 1997, foi criado na Romênia o Prêmio Elisa Leonida Zamfirescu, a fim de premiar mulheres que se destacam na ciência e na tecnologia.

Europa • Romênia

Nadia Comaneci

1961

Nadia Comaneci é o maior nome da ginástica artística. Ingressou no esporte bem cedo, aos 6 anos de idade, e começou a se destacar na área ainda criança. Aos 9 anos, tornou-se a mais jovem ginasta a ganhar o Campeonato Romeno e, aos 10, participou de sua primeira competição internacional.

Mantendo uma trajetória profissional impecável, em 1976, na Copa América, em Nova York, Nadia conseguiu suas primeiras notas 10 na modalidade. No mesmo ano, nos Jogos Olímpicos de Montreal, tirou sete notas 10, as primeiras da história das Olimpíadas.

Mesmo sem competir há anos, Nadia continua uma campeã, pois administra uma academia de ginástica nos Estados Unidos, apoia diversas instituições de caridade e fundou uma clínica, em Bucareste, que atende crianças e idosos carentes.

Com essa trajetória, é notável a razão de Nadia ser um dos grandes nomes do esporte.

CURIOSIDADES

- Para se manter no esporte, Nadia precisou fugir para os Estados Unidos devido ao regime comunista em seu país.
- Como dificilmente alguém consegue a pontuação máxima, o placar dos Jogos Olímpicos de 1976 não tinha a nota "10". Então, a nota exibida no placar foi "1.00".

Ginasta nota 10

Pioneira espacial

Europa · Rússia

Valentina Tereshkova
1937

Valentina Tereshkova é uma cosmonauta russa que realizou o grande feito de ser a primeira mulher a ter ido ao espaço. Filha de um trabalhador rural e de uma funcionária de fábrica têxtil, ela deixou de frequentar a escola para ajudar seus pais com o trabalho. Entretanto, concluiu os estudos com cursos por correspondência.

De personalidade aventureira, Valentina não temia atividades radicais. Exemplo disso é que, com 22 anos (em 1959), ela deu seu primeiro salto de paraquedas, depois de frequentar um clube para paraquedistas amadores. Anos depois, em 1961, Valentina decidiu embarcar em mais uma aventura. Quando o diretor do programa espacial soviético anunciou sua pretensão de enviar uma mulher ao espaço, a jovem não pensou duas vezes e decidiu se tornar uma cosmonauta.

Assim, em 16 de junho de 1963, quando tinha 26 anos de idade, e após receber o devido treinamento de Yuri Gagarin, o primeiro homem a ir ao espaço, Valentina realizou seu sonho intergaláctico, dando 48 voltas em torno da Terra em um período de 71 horas.

Depois da viagem, Valentina atuou na área política da União Soviética e, até hoje, ela permanece como a única mulher a ter feito uma viagem sozinha ao espaço.

CURIOSIDADES

- Por ter sido a primeira mulher a viajar ao espaço, o rosto e o nome de Valentina foram estampados em selos e monumentos do seu país.
- Quase 20 anos depois, outra mulher a realizar a façanha de viajar até o espaço foi Svetlana Savitskaya. Também de origem russa, a cosmonauta realizou o feito em 19 de agosto de 1982.

Europa • Suécia

Greta Thunberg

2003

Greta Thunberg nasceu na Suécia. Em 2018, a jovem iniciou uma série de protestos contra as mudanças climáticas e o aquecimento global, sendo que o primeiro deles foi faltar às aulas e ficar todos os dias em frente ao Parlamento de seu país, segurando um cartaz com a mensagem "Greve escolar pelo clima".

Após as eleições, o protesto de Greta passou a ser semanal e rapidamente ficou conhecido como *Fridays for Future* (em português, Sextas-feiras pelo Futuro). Nessa época, Greta já era conhecida, e milhares de jovens estudantes haviam se inspirado nela, realizando protestos em países próximos à Suécia. Em maio de 2019, o movimento, que pouco tempo antes era apenas de Greta, conseguiu unir milhares de estudantes do mundo, que manifestaram a favor do clima em 150 países, inclusive no Brasil.

Assim, em um curto espaço de tempo, Greta passou de uma jovem estudante comum a uma pessoa mundialmente conhecida. Suas manifestações a levaram a discursar na sede das Nações Unidas, na abertura da Cúpula do Clima, e no Fórum Econômico Mundial, na Suíça.

Greta Thunberg é a prova de que atitudes individuais podem fazer a diferença e que movimentos solitários também podem ganhar o mundo.

CURIOSIDADES

- Em 2019, a revista *Time* elegeu Greta Thunberg a personalidade do ano, a mais jovem a ser indicada individualmente ao prêmio.
- Aos 12 anos, Greta foi diagnosticada com Síndrome de Asperger, condição que se enquadra no espectro do autismo.

Jovem ativista ambiental

Piloto corajosa

Europa/América • Inglaterra/Argentina

Maureen Dunlop
1920-2012

A anglo-argentina **Maureen Dunlop**, assim como Ada Rogato e Amelia Earhart, é um dos grandes nomes da aviação. Filha de pai australiano e mãe inglesa, Maureen começou a fazer aulas de pilotagem com apenas 16 anos.

Como forma de seguir os passos do pai, que havia participado como voluntário na Primeira Guerra Mundial, Maureen decidiu se voluntariar na Segunda Guerra, oferecendo seus serviços como piloto para uma organização britânica de civis chamada ATA (*Air Transport Auxiliary*), que tinha como objetivo transportar aeronaves até as regiões de combate.

Na época, Maureen, assim como outras mulheres, teve que comprovar 500 horas de voo, o dobro do que era exigido para os pilotos do sexo masculino. Além disso, teve de lidar com o preconceito de atuar em uma área fortemente voltada para homens.

Como piloto da ATA, Maureen operou mais de 30 aeronaves, incluindo o *Spitfire*, um dos principais caças utilizados pela RAF (sigla da Força Aérea Britânica) durante a Guerra.

A participação de Maureen lhe rendeu algumas premiações. Porém, mais do que honrarias, ela conseguiu o feito de marcar seu nome na história da aviação!

CURIOSIDADES

- Como era menor de idade quando começou a fazer aulas de pilotagem, Maureen alterou seu ano de nascimento para continuar fazendo o treinamento.
- Maureen ingressou na ATA com outras 164 mulheres e tornou-se conhecida na Inglaterra e em outros países aliados quando teve sua foto divulgada na revista *Picture Post*, que mostrava a piloto descendo de uma aeronave.

Europa/América • Itália/Brasil

Lina Bo Bardi
1914-1992

Achillina Bo, popularmente conhecida como **Lina Bo Bardi**, foi uma grande arquiteta modernista ítalo-brasileira. Nascida na Itália, lá ela se formou em Arquitetura e se destacou na área. Porém, com a chegada da Segunda Guerra Mundial, Lina viu seu trabalho e seus sonhos virarem cinzas em decorrência dos bombardeios.

Indignada com as consequências da Guerra, a artista ingressou no Partido Comunista da Itália e participou do grupo de resistência contra a invasão alemã no país. Feito isso, Lina decidiu recomeçar sua vida no Brasil, onde se naturalizou.

Apesar das dificuldades encontradas por ser mulher e estrangeira e ter poucos contatos, Lina deixou um legado brilhante por meio de suas obras. Afinal, ela foi um dos poucos arquitetos que enxergaram a essência da cultura brasileira, e conseguiu mesclar o moderno ao popular, trazendo um estilo inovador, livre e bem diferente do que era utilizado na época.

Entre as belas criações de Lina, destacam-se a Casa de Vidro, o Museu de Arte de São Paulo e o prédio do SESC Pompeia, todos localizados na capital paulista. É impossível observar suas obras e não pensar em sua originalidade!

CURIOSIDADES

- Na década de 1990, foi criado o Instituto Lina Bo Bardi, com o intuito de preservar a história de uma das maiores arquitetas brasileiras.
- A brilhante trajetória de Lina é detalhada no livro *Lina: uma biografia*, escrito pelo crítico de arquitetura e ensaísta Francesco Perrotta-Bosch e publicado em 2021.

Arquiteta ilustre

Ícone feminino

Oceania • Austrália

Annette Kellerman
1887-1975

Annette Kellerman foi uma nadadora profissional australiana, além de atriz de cinema e estilista. Ela foi a primeira mulher a usar maiô, e a criação dessa peça é atribuída a ela.

O interesse de Annette pela natação surgiu de uma necessidade. Como tinha raquitismo quando criança, ela começou a praticar o esporte para reverter o problema. Porém, mais do que a cura de sua doença, a natação se tornou seu campo de atuação.

Profissionalizando-se na área, Annette obteve diversos recordes mundiais. Um de seus grandes feitos foi tornar-se a primeira mulher a tentar (por 3 vezes) cruzar o Canal da Mancha, que separa a Inglaterra da França. Embora não tenha obtido sucesso nessa empreitada, a tentativa já se tornou uma grande vitória.

Em um momento da sua vida, Annette passou a defender o direito das mulheres de usarem maiô, pois, na época, elas não podiam vestir essa peça por questões morais. Sem se deixar intimidar por essa proibição, a nadadora criou sua própria linha de trajes de banho, todas consideradas impróprias para a época.

Além de nadar e de atuar como estilista, Annette se destacou no teatro e no cinema. Isso porque, usando sua habilidade de nadadora, ela realizou uma série de cenas perigosas, fazendo assim o papel de sua própria dublê.

CURIOSIDADES

- Entre as cenas perigosas realizadas por Annette no cinema, destacam-se um mergulho de 28 metros no mar e a entrada em uma piscina cheia de crocodilos.
- Em 1907, Annette foi presa por ter aparecido em uma praia de Massachusetts usando um traje de banho único, o que era proibido.

Oceania • Austrália

Cathy Freeman

1973

Cathy Freeman é uma atleta australiana de origem humilde e filha de pais aborígenes. Pertencendo a uma porcentagem pequena da população, sua família cresceu em meio ao preconceito. Cathy, porém, resolveu mudar essa história ao ingressar nos Jogos da Comunidade Britânica, aos 16 anos, tornando-se a primeira atleta aborígene a conquistar uma medalha de ouro no evento.

Especialista nos 400 metros rasos, ela também foi a primeira atleta aborígene a representar a Austrália nos Jogos Olímpicos de Atlanta, em 1996, e a vencer o Campeonato Mundial de Atletismo de Atenas, em 1997.

Mesmo com uma carreira marcada por vitórias e recordes, Cathy conseguiu muito mais do que medalhas para seu país: ela trouxe visibilidade ao seu povo, que apenas clamava por respeito.

CURIOSIDADES

- Ainda é dela o recorde da Oceania nos 400 metros, com a marca de 48 segundos e 63 centésimos, conquistado nos Jogos Olímpicos de 1996.
- Em 2000, ela teve a honra de acender a pira olímpica na cerimônia de abertura dos Jogos Olímpicos de Sydney.

Cientista de renome

Oceania • Austrália

Elizabeth Blackburn
1948

Elizabeth Blackburn é uma cientista australiana vencedora do Prêmio Nobel de Medicina de 2009. Filha de médicos, desde cedo ela nutria fascínio pela biologia, pois adorava observar a riqueza e a variedade animal de seu entorno.

Graduada em Bioquímica e com doutorado em Biologia Molecular, que obteve com apenas 26 anos, Elizabeth atua como pesquisadora na Universidade da Califórnia e faz parte de grupos científicos renomados, como a Sociedade Americana de Biologia Celular e o Instituto de Medicina dos Estados Unidos.

Os estudos de Elizabeth estão voltados para a sequenciação do DNA. A pesquisa que lhe rendeu o Nobel aponta a existência de uma enzima (telomerase) essencial para a saúde das células. Compreendendo seu funcionamento, torna-se possível elaborar tratamentos para doenças relativas ao envelhecimento, como é o caso do câncer.

Por seus valiosos estudos, além do Nobel, a cientista conquistou numerosos prêmios, como a Medalha de Ouro da Sociedade Americana contra o Câncer (2000) e o Prêmio L'Oréal-UNESCO para Mulheres na Ciência (2008).

Com trabalhos tão importantes para a continuidade da vida e da humanidade, Elizabeth é uma inspiração para todos os que desejam trilhar o caminho da ciência.

CURIOSIDADES

- Em 2007, a revista *Times* incluiu Elizabeth na lista das 100 personalidades mais influentes do mundo.
- A cientista escreveu diversos livros que abordam suas descobertas, como *O segredo está nos telômeros,* publicado em 2017.

Oceania • Austrália

Macinley Butson

2001

Macinley Butson é uma jovem cientista e inventora australiana. Recentemente, ela foi reconhecida por causa de duas invenções: uma que visa ajudar mulheres com câncer de mama e outra que permite garantir água potável para diversos países.

O fascínio de Macinley pela ciência veio desde cedo, e seu interesse em estudar os efeitos da radioterapia surgiu por meio de uma conversa com seu pai, que atua na área de Física Médica, e por ter perdido um familiar vitimado pelo câncer de mama.

Ainda adolescente, Macinley criou um tipo de armadura capaz de proteger mulheres do excesso de radiação resultante de sessões de radioterapia. Outra grande criação sua é um adesivo denominado SODIS, que mede a exposição necessária da água aos raios ultravioleta do sol para que seja purificada. Com essa invenção, milhares de vidas podem ser salvas, uma vez que muitos países em desenvolvimento ainda não contam com acesso à água potável.

Por suas invenções, Macinley foi premiada por diversas entidades. Em 2018, ela ganhou o prêmio *NSW Young Australian of the Year* e, em 2019, o *Stockholm Junior Water Prize*, prêmio que reúne estudantes de 35 países. Desde os 20 anos, Macinley é um exemplo de que a motivação é o passo inicial para realizar feitos extraordinários no mundo.

CURIOSIDADES

- A armadura desenvolvida por Macinley, denominada *Smart Armour*, é capaz de barrar 75% da radiação emitida em sessões de radioterapia.
- Por meio de vídeos no YouTube, Macinley descobriu a eficácia do cobre para proteger a pele da radiação e, assistindo a filmes sobre guerras medievais, ela teve a ideia da armadura.

Jovem
inventora

Exemplo de política

Oceania • Nova Zelândia

Helen Clark

1950

Helen Clark é uma política neozelandesa. Formada na área, iniciou sua carreira dando aula de estudos políticos na Universidade de Auckland. No mesmo período, assumiu importantes papéis no Partido Trabalhista da Nova Zelândia.

Quando o partido passou a ocupar a maioria dos assentos do parlamento, Clark se tornou primeira-ministra, ganhando o título de segunda mulher a assumir o cargo. Além disso, ela acumulava a função de ministra das Artes, da Cultura e do Patrimônio e era responsável pelo Serviço de Inteligência e Segurança do país.

Durante sua atuação como ministra, a Nova Zelândia teve um crescimento econômico considerável, pois Clark, além de diminuir os índices de desemprego no país, investiu profundamente em serviços públicos nas áreas de educação e saúde.

Mesmo fora da política, Clark segue sendo um exemplo para todos aqueles que acreditam em uma política mais justa e transparente.

CURIOSIDADES

- Ela criou a The Helen Clark Foundation, com o objetivo de contribuir para uma sociedade mais justa, pacífica e sustentável.
- Helen trabalhou durante nove anos como primeira-ministra, fazendo três mandatos consecutivos (1999-2008).

Oceania • Nova Zelândia

Jacinda Ardern

1980

Jacinda Ardern é política e ex-primeira-ministra da Nova Zelândia, além de membro do parlamento (desde 2008) e líder do Partido Trabalhista (desde 2017).

Formada em Comunicação, com especialização em Relações Públicas e Política, Ardern foi eleita primeira-ministra em 2017. Com isso, ela se tornou a terceira premiê da Nova Zelândia e a segunda líder mais jovem a governar o país.

Ardern ganhou o respeito e a admiração da população neozelandesa e de outros países por sua atuação firme e humanista diante dos desafios surgidos em seu mandato. No combate à pandemia da covid-19, por exemplo, seu governo foi muito elogiado e considerado um dos mais eficientes do mundo no controle do vírus.

Outro posicionamento de Ardern que agradou a população ocorreu após dois ataques terroristas na cidade de Christchurch, em 15 de março de 2019. Um mês após os atentados, que foram destinados aos muçulmanos, a premiê proibiu a venda de fuzis e outras armas semiautomáticas no país.

Com muita empatia, firmeza e humanidade, Jacinda Ardern vem dando um verdadeiro exemplo de liderança!

CURIOSIDADES

- ♥ Oito meses após assumir o governo do país, Jacinda Ardern deu à luz sua primeira filha, tornando-se a primeira líder da Nova Zelândia a ter um filho durante o mandato.
- ♥ Pela lei da Nova Zelândia, a mulher tem direito a 18 semanas de licença-maternidade. Jacinda Ardern, porém, tirou apenas seis, para poder atender às demandas urgentes do país.

Líder humanista

Este livro foi impresso em fonte Noto Sans Display sobre papel offset 80g m² [miolo] e papel-cartão LD 230 g/m² [capa].